石橋湛山
没後五〇年に考える

石橋省三
星　浩
編著

早稲田新書
019

刊行に寄せて

一般財団法人石橋湛山記念財団代表理事　石橋　省三

「石橋湛山だったらどうするだろうか？」、「どう考えるだろうか？」、ここ数年よく受ける質問である。国際情勢が混迷の度合いを増すと、また経済状況が深刻な状況に陥ると、この手の質問が増える。これに対する私の答えは「わかりません」。直系の孫だからといって答えられる質問ではない。

今回、湛山の没後五〇年にあたり、「湛山だったら」に対する回答の方向性を示す企画ができないかと考えた。勿論、湛山のみぞ知る正答をだすことはできないが、少なくとも「答え」を考えるヒントが与えられれば良いのではないかと思った。

そこで、早稲田大学の関係者と相談をし、緊迫化する国際情勢に的を絞り、湛山の原点であるジャーナリストの視点から、現状をどう認識すべきかを論じることになった。

二〇二三年六月一七日に早稲田大学大隈記念講堂で開かれたシンポジウムでは、あえて湛山研究者をパネリストとしなかった。ジャーナリズムや外交に見識のある方が、それぞれの持論を展開するなかで、「湛山だったら」を浮かび上がらせようという試みだ。実際、手前味噌になるが、星浩さんの巧みな進行のもとで、現下でのメディアの役割と責任が示されたと思う。ジャーナリスト・湛山が思い描いたことも、想像できたのではないか。

本書の前半では、シンポジウムにおけるパネルディスカッションを文字化し、続いて各パネリストに語り尽くせなかった点や発言の意図を記していただいた。これで、パネリストのお話の内容がよりよく理解されると思う。後半には、気鋭の学者による専門分野での湛山論を載せてある。時代の変遷のなかで、湛山の発言や考えの変化が読み取れる。密度の高い新書となった。

最後になったが、今回のシンポジウムの開催および本書の刊行では、実に多くの方のご尽力を賜った。文字数の関係でお名前は割愛させていただくが、改めて深く感謝をする次第である。

まえがき――危機の時代の道標としての湛山

政治ジャーナリスト　星　浩

石橋湛山没後五〇年の二〇二三年、世界は未曽有の危機のなかにある。ロシアによるウクライナ侵攻（二〇二二年二月）は長期化し、世界経済は資源高やインフレに見舞われている。米国と中国の対立は軍事、経済、科学技術の分野に広がり、覇権争いの様相を呈している。台湾有事も取りざたされている。そうしたなかで、日本の岸田文雄首相は防衛費を大幅に増額。専守防衛の枠を踏み出して、自衛隊に敵基地攻撃能力（反撃能力）を備えようとしている。それで良いのだろうか。少子高齢化を含め、日本社会の停滞も続いている。この状況を湛山ならどう考え、どう発信するだろうか。危機の時代の道標として湛山の思想を振り返りつつ、この時代状況を解読しよう。そんな狙いで企画されたシンポジウムの中身を詳報し、各分野の専門家による「湛山論」も紹介しようというのが本書である。

湛山思想の中核は、何といっても「小日本主義」だ。戦前の日本が植民地支配していた朝鮮や台湾を放棄し、満洲（中国東北部）からの撤退も訴えた。戦後は米国への過度な依存を戒め、中国との関係改善を早くから唱えた。経済は一貫して自由貿易を主張し、地方分権も提起していた。東洋経済新報社で健筆をふるい、政治家に転じて首相に上り詰めた。そんな「巨人」の業績を踏まえて、今の国際情勢とジャーナリズムの役割を考えようというのが今回のシンポジウムである。

石橋湛山記念財団と早稲田大学の共催で二〇二三年六月一七日、湛山も学んだ早稲田大学の大隈記念講堂で開催した。

ロシアによるウクライナ侵略で多くの市民が犠牲となり、米国などＮＡＴＯ（北大西洋条約機構）諸国がウクライナへの軍事支援を強化。日本も経済支援を続けている。これに対抗してロシアは中国と連携。一方で、中国は米国との対抗姿勢を強めている。米中は東南アジア、中東、アフリカなどで角突き合わせ、半導体をめぐる対立なども深まっている。混沌とする世界のなかで、日本はどんな役割を果たすべきか。そういうテーマを考えるのにふさわしいパネリストを選んだ。杉山晋輔・前駐米大使、新谷学・文藝春秋編集長（当時）、五十嵐文・中央公論編集長、植木（川勝）千可子・早稲田大教授の四氏である。

杉山氏は外務事務次官なども歴任。外交官としての豊富な経験をもとに、国際情勢の分析には定評がある。新谷氏は週刊文春の敏腕編集長として鳴らした。時代を切り取る感覚が群を抜く。両氏は早稲田大学出身だ。五十嵐氏は読売新聞政治部を経てワシントンと北京で特派員を経験。米中対立の現状を語るには最適だ。植木氏は朝日新聞記者を経て学問の道へ。現実と理論の両面から国際情勢を読み解く。

本書第二部「石橋湛山の足跡をたどる」は専門家による四本の論文を集めた。真辺将之・早稲田大教授の「石橋湛山と早稲田大学」、牧野邦昭・慶應義塾大教授の「石橋湛山の経済思想」、上田美和・共立女子大准教授の「石橋湛山の言論と行動」、瀬川至朗・早稲田大教授の「湛山の「自由な言論」と早稲田ジャーナリズム大賞」である。湛山の思想と行動を政治、経済、メディア論などから多角的にとらえるには最強の執筆陣となったと思う。

『東洋経済新報』の社説を中心に膨大な発信を続けた湛山には、第二次世界大戦下のドイツのナチスとヒトラーを称賛した論評もある。

「さすがにヒトラー総統だ。よく敵を知り、自己を識る。彼は率直に、敵の技術がある部面においては自分を追い越しさえもしたと承認する。自信なくしては出ない言葉である。しかし私が、特に総統の右の言葉の中で感嘆するのは、今回の戦争が、軍人の戦争でなくして、第一に技術の戦争だと声明した点だ。このヒトラー総統の思想にこそ、ドイツの強さの秘密は潜むといえよう」(『大陸東洋経済』一九四四年八月一日号)

こうした論評は、ヒトラーのファシズムの本質を見抜けなかったものとして批判されてしかるべきだ。もっとも、生粋のリベラリストである湛山にとって、そうした自分への自由で率直な批判は望むところだろう。本書では、湛山の思想を後生大事に奉じるのではなく、多角的に吟味したうえで、現代との関連を考察している。読者の皆様には、湛山の多様性や奥深さを通して、現代の危機を考える「一つのきっかけ」にしていただければ幸いである。

第一部　現代国際情勢とジャーナリズム
——石橋湛山没後五〇年記念シンポジウムより

第二部　石橋湛山の足跡をたどる

第一部　現代国際情勢とジャーナリズム

――石橋湛山没後五〇年記念シンポジウムより

石橋湛山没後五〇年記念シンポジウム
「日本のジャーナリズムに未来はあるか——米国と中国のはざまで」

二〇二三（令和五）年六月一七日（土）　早稲田大学大隈記念講堂にて
主催：一般財団法人石橋湛山記念財団・早稲田大学文化推進部
後援：株式会社東洋経済新報社

［登壇者］　（肩書きはシンポジウム当時）
モデレーター　星　浩（ＴＢＳスペシャルコメンテーター）
パネリスト　杉山　晋輔（元外務事務次官）
新谷　学（『文藝春秋』編集長）
五十嵐　文（『中央公論』編集長）
植木（川勝）千可子（早稲田大学アジア太平洋研究科教授）

開会挨拶

石橋　省三

本日は、お越しいただきまして誠にありがとうございます。石橋湛山は一九七三（昭和四八）年に亡くなっております。没後五〇年ということで、何か記念したイベントができないだろうかと早稲田大学および東洋経済新報社の方々にご相談申し上げましたところ、シンポジウムをやってみたらどうだということで、この場が設営された次第でございます。

石橋湛山はジャーナリストが原点ですので、ジャーナリスト、ジャーナリズムが、この難しい時代にどのような立ち位置を持ったら良いのか、どういう発信をすべきかを論じることが非常に重要ではないかということで、それに関わるシンポジウムを考えた次第でございます。本日モデレーターをお願いしております星様にご相談したところ、このように充実したパネリストの皆様をご紹介いただき、この場を設けることができました。改めて星様には御礼を申し上げたいと思います。

会場におられる方のなかには、石橋湛山についての話を聞けると思って来られた方もいらっしゃると思います。でも、今日は湛山について勉強することはほとんどありません。最近、湛

山について語る人は大勢おられます。本日はその上塗りは避けて、湛山を一つの取っ掛かりとして、「この難しい世のなかで、ジャーナリズムはどのようなことができるか」を討論していただきたいと思っております。ですので、お帰りになったあと、「石橋湛山について何もわからなかった」ということになるかもしれませんが、別の意味で十分充実した半日となるのではないかと思っています。

最後に、この大隈記念講堂を提供していただくと同時に、いろいろなサポートをいただきました早稲田大学の皆様、陰からサポートしてくださいました東洋経済新報社の皆様、そしてお忙しいなか本日参加していただきましたパネリストの皆様に改めて御礼を申し上げ、私の挨拶とさせていただきます。ありがとうございました。

未来に向けて一石を投じる場に

早稲田大学総長　田中　愛治

皆様こんにちは。本日はご多忙のところ、また猛暑のなか、早稲田大学大隈記念講堂までお越しいただきまして、誠にありがとうございます。石橋湛山没後五〇年記念シンポジウム「日本のジャーナリズムに未来はあるか――米国と中国のはざまで」の開催にあたり、早稲田大学を代表して簡単にではございますがご挨拶を申し上げます。

まず、石橋湛山没後五〇年という節目の年に、石橋湛山の母校である早稲田大学にて、石橋湛山記念財団とともに記念シンポジウムを開催できることを大変喜ばしく思っています。ただいまご挨拶をいただきました石橋湛山記念財団代表理事の石橋省三様にも厚く御礼申し上げます。またご後援いただいております東洋経済新報社にも心から御礼申し上げたいと思います。

石橋湛山はジャーナリストとして長く活躍したのち政界に転じ、本学出身者として初めて内閣総理大臣になった人物でございます。八六年の生涯を通じてさまざまな業績を成し遂げたことはもちろん、時代を越える言葉も数多く残しております。当時の時代背景に鑑みると、石橋湛山の考えは少数意見で、体制批判も多く含まれておりました。しかしたとえ少数意見であ

り、自分の意見を言うことで自分自身が危険な目に遭うことになったとしても、言わずにはいられなかったのではないでしょうか。石橋は保守の政治家ではございますけれども、在野精神の非常に強い政治家だったと思っております。石橋は日本の将来、世界の行く末を真剣に案じていたから、そのような発言をしていたのだと思います。

石橋湛山の発言の根底に流れている哲学は終始一貫して、自分自身の頭で考えること、世界平和に貢献すること、偏見を持つことなく世界の国や地域とつきあうということだと思います。石橋湛山の言葉のなかで象徴的なものを紹介させていただきます。「天性、伝統、学説、人種、派閥、階級等の一切の先入観から離脱し、事物を自由に考えること。自らと異なる意見を持つ者、利害関係を異にするものに主張を押し付けるごとき態度をとらず、冷静に批判し、そのなかに強い意見があれば受け入れる寛容な精神を持つこと」ということでございます。この言葉は今から約七〇年前に言われたことですが、今の時代にもその価値を見出すことができ、未来に向けてもますます重要性が増しています。

私自身も早稲田大学の総長になってから、「たくましい知性」すなわち自分の頭で考えることと、また「しなやかな感性」、自分と異なる価値観を受け入れることを主張してまいりました。それを学生にも学んでもらいたいと言ってまいりました。早稲田大学を創立した大隈重信はこのように申しております。「一身一家一国のためのみならず、進んで世界に貢献する抱負が無くてはならぬ」と。石橋湛山はまさにその言葉を体現した人物でありまして、本学の校友であることを誇りに思う次第でございます。

私が総長に就任して四年半が経ちました。この間、学生たちに向けては、答えがない未知の問題に取り組むために、自分なりの解決策を徹底的に考え抜くたくましい知性、また、さまざまな価値観に敬意を表して接するしなやかな感性が重要だと伝えてまいりました。そしてまた、過去の人々がその時代に直面していた課題にどのように向き合ってきたのかを知ることは、未来に向けての課題解決のヒントになるはずだと伝えてまいりました。このような意味でも、石橋湛山の主張と我々が今考えていることはほぼ同じだと存じております。早稲田大学は、答えのない世界に飛び込んでいける、それだけの基礎知識をしっかり学べる場であるということを自負したいと思っております。

今、時代は混沌としております。もしかすると世界規模の戦争が再び起こるかもしれない、そんな瀬戸際の気配すら感じております。このような時代だからこそ、一人ひとりが世界の諸問題に対してどう解決できるかを真剣に考えなくてはならないと存じます。

本日のテーマ、「日本のジャーナリズムに未来はあるか――米国と中国のはざまで」において、ジャーナリストがどのように役割を果たしていくべきなのか、大変興味があるところでございます。そのテーマについて考えるためには、今一度、石橋湛山の生きた時代、石橋湛山がなした業績を振り返り、未来に向けて、また世界平和に向けて一石を投じる場になるようなシンポジウムになることを願っております。

本日ご登壇いただきます方々は、ジャーナリズムの第一線で活躍している方ばかりでいらっしゃいます。星浩様は朝日新聞の元編集委員、現在TBSのスペシャルコメンテーターでいらっしゃいます。杉山晋輔様は本学出身の元外務事務次官、元駐米大使でいらっしゃいます。五十嵐文様は『中央公論』の編集長でいらっしゃいます。新谷学様は『文藝春秋』の編集長でいらっしゃいます。植木（川勝）千可子様は本学アジア太平洋研究科教授でいらっしゃいます。こういった方々が一堂に会して議論を行うということは大変貴重な機会でございます。本日は活発なご議論をどうぞよろしくお願いしたいと存じます。

1 国際情勢とジャーナリズム――私の仕事の現場から

星　皆さんこんにちは。ご紹介いただきました星でございます。これから長丁場ですがお付き合いください。今日のスケジュールをお話ししますと、最初に一人ずつ自己紹介を兼ねて今の世界、それからジャーナリズムについてどういうふうに見ているかということをお話しいただいて、一通りそれが終わりましたら、各論として米中問題、日本の役割などについて少しずつ話を深めていきたいと思います。

まず、私の紹介と私の見方についてお話しさせていただきます。私は一九五五年、五五年体制ができた自民党と同じ年、昭和三〇年に生まれまして、朝日新聞で三〇数年、政治記者として取材をしてまいりました。ですから最初は東西冷戦の真っ只中、それから日本でいいますと自民党と社会党が向き合う五五年体制というところから取材を始めました。自民党の派閥全盛時代が続き、その後いろいろな形でその日本の体制が崩れました。自民党は二度、野党に転落しました。一九九三（平成五）年に細川連立政権ができたり、二〇〇九（平成二一）年には民主党に政権を引き渡したりということがありました。その間、政治改革ということで小選挙区比例代表並立制ができました（一九九四年）。政権交代しやすい制度ということで導入されたわけです。それから政党、政策中心の選挙をするという謳い文句で選挙制度が変ってきたわけですが、なかなか現実にはそうならない。民主党政権が誕生した三年後の二〇一二（平成二四）年に自民党が復活して、安倍政権、菅政権、岸田政権と今日に至っております。ちなみに明日は岸田さんが、母校の早稲田大学のこの大隈記念講堂でスピーチをするそうです。

現在はそういう状況になっていますけれども、よくよく振り返ってみるとこの間、アメリカは七転八倒しながら超大国の道を維持してきました。一方で大きく変化したのは中国です。中国はあれよあれよという間に日本をGDP（国内総生産）で追い抜いて、軍事的にも台頭して、超大国に仲間入りしようとしている。この米中のはざまに日本が置かれて「さあどう生きていくか」ということが、いま我々が直面している一つの大きな問題です。

一方で、日本はどうなっているか。少子高齢化が進み、財政赤字も膨らみ、一人当たりのGDPもあれよあれよという間に世界第二位から二〇位ぐらいまで転落してしまいました。一体どうなっているんだという思いは国民の間に広がっています。石橋湛山の没後五〇年ということでいろいろな資料を漁ってみたり、湛山の本を読んだりしたなかで考えたことは、米中のなかでどう生きるかという問題意識は湛山にも通じるところであります。湛山はエコノミストでもありまして、「経済で日本を活性化しなければならない」という問題意識を持っていた。もちろん、当時の米中と今の米中はまったく違う関係にありますし、中国にいたっては大きく様変わりしているわけですが、「米中のはざまで日本はどう生きるんだ」という問題意識が、私は非常に大事だと思っております。加えて、「経済をどうやって活性化して、日本の衰退をどこまでくい止められるのか」という問題意識も非常に重要であると思い、今回のシンポジウム企画に協力させていただき、パネリストの人選なども進めさせていただいたところです。

星浩（ほし・ひろし）氏
政治ジャーナリスト、TBS テレビスペシャルコメンテーター。東京大学教養学部卒業後、朝日新聞社入社。政治部記者として首相官邸、自民党、外務省などを担当。その後ワシントン D.C. 特派員、政治部デスクを経て、特別編集委員。2012年、オピニオン編集長兼論説主幹代理。2016年から TBS『news23』キャスター・コメンテーターを務める。

　そうしたなかで、パネリストにはそういう問題意識を持ち、世のなかに伝えていく役割を果たしているジャーナリストの方がふさわしいのではないかと考えました。私も四〇年以上ジャーナリストとして活動しておりますが、どうも日本の経済・国力が衰退しているのと並行して、日本のジャーナリズムも衰退を続けているように思えてなりません。新聞は部数も半減、テレビも観る人が少なくなっています。「テレビでニュースを観たいな」と思っても、「大谷さんがホームランを打った」というニュースばかりやっている。「大丈夫かな」という問題意識も石橋湛山に通じるところですが、今日はそういう日本と世界のなかで、「これから日本はどうやって再生の道を歩んでいくのか」ということを考えるきっかけといいますか、ヒントを少しでも見出せたらと思っています。

パネリストの方々は時代の波がしらを切って歩いている方々ばかりで、非常に貴重なお話が聴けると思って期待しているところです。これから少し長い時間になりますが、皆さんのお耳を貸していただければと思い、アシスタントさせていただきます。

まず、杉山さんをご紹介します。杉山さんはご存知の通り駐米大使、外務事務次官を経験され、今は早稲田大学で教鞭を執っていらっしゃいます。私は三〇年以上前、杉山さんが課長補佐の頃からのお付き合いです。非常に優秀な分析力、表現力も優れた外交官です。杉山さんからまず口火を切っていただければと思います。

日本は自信を取り戻せ

杉山　ただいまご紹介いただきました杉山です。星さんには三三年以上、若い頃からお世話になって、今日こういう形でご指名いただきました。私は早稲田大学の出身者ですので、本日大隈記念講堂でたくさんの方を前にお話しできることは本当に光栄なことだと思っています。

星さんに、石橋湛山五〇周年関連で国際関係とジャーナリズムに関するシンポジウムをするので登壇してくれと言われたのですが、私は四十何年間、外務省職員として政府にいたわけですから、ジャーナリズムに関して言えば敵とは言いませんが対極にいた者です。ですので、ジャーナリズムと国際関係についてお話しするのは、やや私の任にあらずと思ったのですが、何でもいいから喋れということですので、自分の思ったことを喋ろうと思っています。最初に、私が持っている結論のようなことを申し上げたいと思います。

ご紹介いただきましたように、私は約三年間駐米大使としてアメリカで勤務しておりました。二〇一六年にアメリカ大統領選がありまして――トランプ政権が誕生した時です――選挙前に安倍総理に「トランプは勝てませんよ」と言ったら、トランプが勝ってしまったわけです。それでトランプ政権と四年間付き合い、その後二〇二〇年にバイデン政権が誕生してその宣誓式に出席したのち、日本に帰ってきました。つくづく思うのは、アメリカは一〇年単位で

杉山晋輔（すぎやま・しんすけ）氏
1977年外務省入省。在大韓民国日本国大使館公使、在エジプト日本国大使館公使などを歴任、2008年地球規模課題審議官（気候変動担当大使）、2011年アジア大洋州局長、2016年外務省事務次官、2018年在アメリカ合衆国駐箚特命全権大使。2021年に退官。早稲田大学特命教授。

大きな変化を起こしているということです。それは社会の格差に起因していると思いますが、一〇年単位の大きな変化の結果、トランプのような人が出てきたと考えています。

それからもう一つの結論は、トランプさんもバイデンさんも今の国務長官であるブリンケンさんもみんなそうですが、党派を問わず、アメリカの昨今の対外案件の一丁目一番地は中国なんですね。それでチャイナ、チャイナと言っていたら、プーチン大統領が本格的な侵略をやって、ウクライナはとんだことになってしまったわけです。そうかと思うと、先日の広島G7サミット［二〇二三年五月一九日〜二一日に開催］で、ゼレンスキーさんがインドのモディ首相に会ったり、インドネシアのジョコ大統領に会ったりして、いわゆるグローバルサウスというのが今年の流行り言葉になっているのではないかと思います。そういう状況の一方、星さんが言われたように、日本は少子高齢化、財政赤字とシュリンクするフェーズに入っています。ＧＤＰはまだ三位ですけれども、もうしばらくすると四位になり、さらに落ちるかもしれない。

ですが、アメリカから帰ってきて、なぜこんなに日本はダメだ、ダメだ、ダメだとばかり言っているんだろう、とすごく感じます。例えばコロナについていえば、日本は本当によくやっていると思います。私がアメリカにいた時、二〇万人か三〇万人の死者が出ていました［二〇二〇年の米国における新型コロナウイルス感染症を主因とする死者数は三四万五三二三人。米国疾病予防管理センター］。あのときの日本の死者は一七〇〇人ぐらいでした［二〇二〇年の一年間で約二八〇〇人。ＮＨＫ特設サイト新型コロナデータ一覧。https://www3.nhk.or.jp/news/special/coronavirus/data-widget］。韓国が七〇〇人ぐらいだったかな。日本は非常によくやっていました。ベトナム戦争でアメリカ人の死者は約六万人でした。あの十何年も続いた戦争よりももっと短い期間――数カ月――で、それを上回る数の人が亡くなったわけです。私もアメリカにいる間、東京で施設にいた母がコロナで他界しました。身内がコロナにかかって他界するとどういう気持ちになるかということを、身をもって感じた者の一人です。でも、全体的には日本は非常に良くやっていると思います。

しかし日本に帰ってくると、「日本はなぜこんなにだめになったのか」という話をよく聞くわけです。「いやあ、そうでもないんじゃないの。確かに日本は弱くなっているかもしれないけれども、もうちょっと自信を取り戻した方がいいんじゃないか」と思うわけです。

ちょっと長くなりましたが、今回のシンポジウムの大きなテーマはジャーナリズムですから、ジャーナリズムに関する話もしたいと思います。外交は政府が行いますが、憲法では外交は内閣が行うと定めています。しかし日本の対外関係、広い面の外交は、外務省でも官邸でも政府でもなくて、日本全体でやらなければいけない。日本全体でやるためには皆さんのご意見と理解が必要になります。そのときにジャーナリズムが果たす役割は、限りなく大きい。だから、政府とジャーナリズムは緊張関係を持って、いろいろな話をしていかなければいけないと考えています。お互いにいろいろ説明し合うとか、いろいろ議論をするということが極めて大事なのですが、それについてはもう少し改善の余地があると思っています。詳しくはあとで申し上げたいと思います。

星　それでは、次に新谷さんです。新谷さんは皆さんご存知の通り、『文藝春秋』の名編集長です。『文藝春秋』の前は、『週刊文春』で新谷さんのグループが次々と文春砲を炸裂させて、いろいろな人が死屍累々となりました。私も取材をなるべく受けたくない方です。私も『文藝春秋』を愛読していますが、中国の問題や米中関係の問題など相当深く報道されています。そのあたりの問題意識を含めてお話しください。

リアリストとしての石橋湛山

新谷　『文藝春秋』の新谷です。今日は外交・安全保障の専門家の皆さんのなかに、なぜスキャンダルの専門家である私が入っているのかという若干の居心地の悪さを感じています。星さんが出ていらっしゃる『ｎｅｗｓ23』に私も何回か出たことがあるのですが、小川彩佳さんというキャスターの旦那さんの不倫を『週刊文春』に書いて以来、番組から声がかからなくなってしまいました。すいません、どうしても真面目な雰囲気や真面目な話というのが苦手で、根っから週刊誌の人間なもので、ついついそういう話をしてしまいます。

今日なぜ私をここに呼んでいただいたのかを考えると、一つは、石橋湛山は私からみて出版界の先輩にあたるということがあります。文藝春秋という会社は菊池寛が作りました。石橋湛山と菊池寛はほぼ同じ時代を生きた人です。菊池寛は文藝春秋を作るにあたって、頼まれてものを言うことにはもう飽きた、自由な心持ちでものが言いたいということで文藝春秋を作りま

新谷学（しんたに・まなぶ）氏
1989年株式会社文藝春秋入社。週刊文春編集部デスク、文藝春秋編集部統括次長などを歴任。2012年週刊文春編集長、2021年文藝春秋編集長に就任。2021年第24回みうらじゅん賞を受賞。2023年７月より取締役文藝春秋総局長としてニュース部門を統括。

した。石橋湛山も東洋経済新報で活躍して、帝国主義の嵐が吹き荒れるなかで台湾、満洲、韓国を返せという小日本主義を提唱したわけです。本当に自由な心持ちでものを言う、長いものには巻かれない、相手が強かろうが権力を持っていようが、言うべきことは言うという精神には非常に敬意を持ち、共感しています。相手が吉田茂だろうが、岸信介だろうが、ＧＨＱだろうが、「言うべきことは言う」「長いものには巻かれない」という石橋湛山の精神を、今こそ思い起こすべきだと思います。我々はこの石橋湛山が遺したものを継承していくべきだと思っていますので、そういう意味で出版界の後輩としてここに座らせていただいているのかなというのが一つです。

もう一つは、私も杉山さんと同じく早稲田大学の出身で、一九八九（平成元）年に政治経済学部政治学科を卒業しました。一年浪人して一年留年したのですが、石橋湛山は早稲田大学の先輩でもあります。石橋湛山は私からみると本当に早稲田らしい人だと思うんですね。早稲田の校歌のなかにも「進取の精神　学の独立」とありますけれども、独立自尊とか在野の精神とか、それこそさっき申し上げたような長いものには巻かれない、自分の頭で考えて言うべきことは言うという精神は、まさに早稲田らしい。さらに言えば、同じ早稲田の校歌のなかで、「現世を忘れぬ　久遠の理想」というところがあります。私が一番好きなフレーズなのですが、「理想を目指すことは大事だけれど、現実も見よう」というリアリズムですよね。石橋湛山は非常にリアリストだったのではないか。

例えば東洋経済新報から政界に転じるにあたって、恐らく政策や人間関係は社会党に近かったのではないかと思うのですが、鳩山一郎さんの自由党に入党しました。社会党はお題目のように社会主義を唱え続けている、そういうところに行っても本来の地に足の着いた政治ができないという理由で自由党に行ったのでしょう。私はこのリアリズムをとても大事なことだと考えています。日本のマスコミ、特に朝日新聞には怒られてしまうかもしれませんが、リベラルなメディアはジャーナリズムということを声高に叫び、社説でも立派なことをお書きになるけれども、リアリズムという点ではどうなのかな。石橋湛山はそういう意味でも、今改めて学ぶべき点があると思います。

星　どうもありがとうございました。少しずつ反論もしていきたいと思いますが、次の五十嵐さんは、『文藝春秋』のライバル誌である『中央公論』の編集長をされています。五十嵐さんはもともと優秀な政治記者でして、ワシントンにも北京にも滞在されたことがあり、今回のテーマに非常にうってつけの方です。まず、五十嵐さんのこれまでの取材経験からお話しをしていただけませんか。

重要性を増す一方の中国報道

五十嵐　ご紹介いただきました『中央公論』の五十嵐です。実は出版社でのキャリアはまだ一年ちょっとでして、新谷さんとライバルのように言われると本当に居心地が悪くて仕方がありません。

ご紹介いただいたように、私は去年まで朝日新聞のライバルである読売新聞で三〇年ほど記者をやっておりました。日本では主に政治部に通算一二年ほど在籍し、海外ではワシントンに四年、北京には留学も含めますと五年半おりました。三つの国の首都で政治や外交など、かなり堅いテーマを取材してきたわけです。まさに米国と中国のはざまで駆けずり回ってきたという経歴が、今回のシンポジウムのテーマと接点があるということで呼んでいただいたのかと思っております。

国内での取材から国際報道へと対象が広がり、『中央公論』に移る前は読売新聞の国際部長という立場で、国際報道の陣頭指揮を執っていました。その間にロシアによるウクライナ侵略も起きました。それ以後、ウクライナ戦争の取材に、紙面もマンパワーも割いている状況が続いています。

そうした最中にあっても、実は中国に関係するニュースの重要性は変わっていません。特に日本にとっては、むしろ重要性を増しているのではないかと感じています。ウクライナ戦争の文脈で言いますと、「中国がロシアをどれぐらい支援するのか」ということが戦争の行方にかなり大きく関係してきますし、また「プーチンがこの戦争で成功するのかどうか」ということも、台湾統一のための武力行使も辞さないという習近平国家主席の政治判断に影響を与えるでしょう。さらには成長が鈍化した中国経済の行方は、日本のみならず世界に波及します。いずれも大きなテーマで、中国の取材は引き続き重要だと思っています。ただ、私自身の経験に照らしても、中国の取材というのは本当に難しいんですね。しかもこの数年で中国取材をめぐる

五十嵐文（いがらし・あや）氏
1990年読売新聞社入社。政治部首相官邸キャップ、ワシントン支局、中国総局長、論説委員などを歴任し、国際部長に就任。2022年『中央公論』編集長。

環境は急速に悪化しています。

ここで私のこれまでの仕事を少し紹介させていただきます。私が中国にいたのは、二〇一一（平成二三）年夏から二〇一七（平成二九）年の春まででした。最初は尖閣諸島や歴史問題といった日中二国間の課題を扱うことが多かったのですが、その後、米中対決という世界を巻き込むような大きな構造の変化のなかでの取材になりました。

ご承知のように、中国は厳しいメディア統制を敷いています。そもそも彼らにとってメディアは「共産党の喉と舌」、つまり共産党のプロパガンダ機関という位置付けです。あらゆるメディアが共産党の指導下にあると定められています。厄介なのは、中国にいる外国メディアに対してもそういう役割を期待し、求めてくるのです。

中国にいた最後の二年間は中国総局長という立場だったのですが、国務院新聞弁公室や中国外交部の担当官からよく、優しいときには「一緒にお茶を飲まない？」、そうではないときは「出頭せよ」と呼び出され、読売新聞の報道ぶりについて事実上の抗議を受けました。当時は毎年年末に、中国駐在のための記者ビザを更新しなければいけなかったのですが、そろそろ手続きを始めようかというような時期に当局からの呼び出しがあると、自分自身あるいは支局員のビザに影響が出るのではないかと心配になりますから、かなりの心理的なプレッシャーを受けていたと思います。

そうしたなかで狙っていたのが、習近平の独占インタビューでした。特派員であれば誰しもがやりたいと思うものですが、私が中国総局にいた時は残念ながら実現しませんでしたし、今も実現していません。これは必ずしも私個人や読売新聞の実力不足ということではなくて、習近平は二〇一二年に中国トップに就任して以来、記者が自由に質問できる形でのインタビューや記者会見は一度も開いていないんですね。

習近平のインタビューは難しいとしても、中国について深く取材をしようと思ったら、中国共産党の中枢に入り込む必要があるわけです。しかし、共産党最高指導部の政治局常務委員――いわゆるチャイナセブン――、あるいは常務委員を含む政治局員二五人、その下に位置する中央委員約二〇〇人といった指導層の要人に直接取材できる記者は、ほとんどいないと思います。

「中国報道はネガティブなものがすごく多い」というご批判を受けることがよくあります。中国共産党政府の主張や実際の行動が、日本が重視する価値観や国際社会の基準とは相いれないことも多いことから、中国に批判的な報道が増えるのは仕方がない部分があります。その上でメディアの一員としての反省点を言えば、中国政治は実態がわかりにくいし、日本やアメリカのように政権中枢に迫って取材できないもどかしさがある。そうすると、どうしても推測や憶測が入り込む余地が出てきてしまう。そうした情報を、肯定する材料も否定する材料も少ない。その結果、あやふやな情報が一人歩きして世論に影響を与える部分もあったと思っています。

中国に関する正確かつ冷静な情報がこれまで以上に求められるなか、最も懸念しているのが、二〇一五年以来、日本人の拘束事件が相次いでいることです。通常の取材活動や情報収集活動が、スパイ行為と見なされて摘発されるのではないかという懸念が強まっています。私の周りの多くの中国研究者の方々も、コロナによる渡航制限が緩和された後も、日本から中国を訪れることを控えている状況です。そうしたなかで、日本の主要なメディアが、北京をはじめ中国の主要都市の取材拠点を維持し、記者を駐在させて取材を継続していることは本当に重要だと思います。日本メディアの中国報道の質は、欧米諸国に比べても、昔からかなり高いと思っています。ましてや今は米中二大国が激しく対立し、相手国の記者を自国から追い出したりしている状況でもありますので、やはり日本メディアはここはぐっと堪えて活動を続けていかなければいけないと思っています。

星 ありがとうございました。続きまして植木さんです。植木さんは以前、朝日新聞にいらっしゃって、私も一緒に働いていたときがあります。現在は早稲田大学で国際政治などを教えていらっしゃいます。今回のシンポジウムに出ていただくにあたって、非常に綺麗なパワーポイントを作ってきていただきました。そのパワーポイントに基づいて、植木さんの自己紹介を含め、現在の米中関係を含めた国際関係についてお話しをお願いしたいと思います。

世界で力の構造に大きな変化が起きている

植木 ただ今ご紹介に預かった早稲田大学のアジア太平洋研究科の植木千可子と申します。どうぞよろしくお願いいたします。

米中の間で日本がどうしていくかというのは難しい問いだと思いますが、今日は皆さんと一緒に考えていければと思います。皆さん長年一つのキャリアを深めてこられた方々であるのに対して、私はジャーナリズムのドロップアウト組です。自己紹介も含めてこれまで何をしてきたかということを知っていただいたうえで、私が今の世界をどう見ているのかというお話をしたいと思います。

ちょっと古い写真［次頁参照］で恥ずかしいのですが、左上が朝日新聞の記者をしていた頃の写真です。その下は竹下首相とのツーショットです。これは記者を辞めたあとに撮った写真なので少し距離感が近いと思います。記者当時はもう少し距離をとって取材していました。左下は防衛省の防衛研究所にいた頃の写真です。これは人民解放軍の研究所の研究者たちと日中防衛研究交流を北京で開催したときのものです。右下の写真は日米が激しく戦った硫黄島で撮った写真です。前にいるのは自衛隊員で、後ろにいるのはアメリカ軍の海兵隊の人たちです。このときは既に早稲田大学の教員になっていました。真ん中が、筑摩書房から出版した『平和のための戦争論』［ちくま新書、二〇一五年］という本です。このようにいろいろな仕事をしてきましたが、一言でいえば、「職場変れど問いは変らず」ということです。仕事は変わりましたが、ずっと同じ問いを問い続けています。それは「なぜ戦争が起こるのか」「どうやって防ぐのか」ということです。

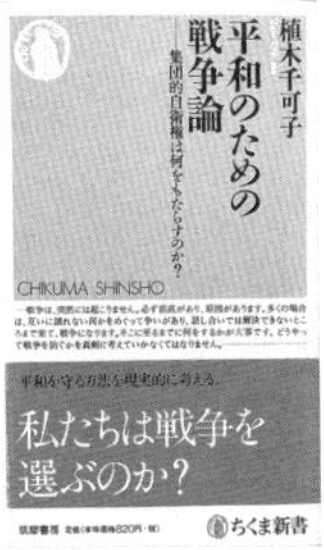

どういうことをしてきたか、もう少し詳しくお話ししますと、高校生のときに「戦争は一体なぜ起こるのだろうか」ということを考え始め、大学・大学院では国際関係論と戦争について考えていました。

そのあと記者として戦争予防になんとか役立ちたいということで、熊本支局を皮切りに、水俣病、日米関係、米軍基地問題などいろいろな問題について取材してきました。

最後は、政治部でした。星さんの下で、私はひたすら駆けずり回る首相番をしていました。星さんは官房長官番でした。私はとても考える暇などなく、勉強してきちんと質問している星さんを横目で見ながら走り回っていました。首相官邸には、各省庁では解決できなかったさまざまな案件が集まります。それらの問題の取材を通して思ったことは、問題に自分で答えを出す力が欲しいということでした。星さんのように力のある記者も大勢いますが、私は力不足でした。

植木千可子（うえき・ちかこ）氏
1983年朝日新聞社入社。記者として活動後、防衛研究所主任研究官などを経て2008年から早稲田大学アジア太平洋研究科教授。マサチューセッツ工科大学博士（政治学）。著書に『平和のための戦争論』ちくま新書（2015年）、『北東アジアの「永い平和」』（共著）勁草書房（2012年）など。

自分で答えを出す力を得たいということで、朝日を辞めて、アメリカに留学して安全保障の勉強をしてきました。

記者時代は「現場百遍」といって、何度も何度も現場を訪れて取材をするのが基本だと言われました。私の生き方も恐らく、「現場百遍」が染みついた結果だろうと思います。一九九〇年代当時、日本では中国脅威論がだんだんと出てきていました。アメリカでも、中国は脅威ではないかという議論が増えてきていました。ただ、言う人によってその中身は全く違っていました。「脅威ではない」という人もいれば、「もちろん脅威だ」という人もいました。そこで、やはり中国そのものを自分の目で見たいということで、北京大学に約一年行って客員研究員をしてきました。そのあと日本に帰ってきて、日本の防衛政策をもっと知りたいと思い、やはり「現場百遍」ということで防衛省防衛研究所に入りました。ここでは中国の分析や日中研究交流などに携わってきました。

そのときに思ったのは、政府のなかにいていろいろなことをみるのもいいけれども、政府の外にいていろいろなことを考え、発信していきたいということでした。そこで、早稲田大学に移りました。防衛省にいたときは外部に何か発表するときは上司にお伺いを立てなくてはいけなかったのですが、大学に入りますとそういうことがまったくありません。完全に自由な身で、個人として研究した成果を政策提言したり、広く社会にも役立てたいということで新聞や雑誌を通して発表したりしています。今まで研究者としてどんな活動をしてきたのかといいますと、個人の研究のほか、首相の諮問機関である安全保障と防衛力の懇談会で日本の防衛政策を提言したり、国際宇宙協力の審議会に入ったりするなどしてきました。民間団体でも日米委員会のメンバーや、ASEAN諸国の研究者らと一緒に戦略提言などをしてきました

それでは、今の世界を私がどう見ているか触りだけ申しますと、まず一つは、今世界は浮足立っているふうに見えます。どういうことかと言いますと、トリプル危機といえる、三つの大きな出来事がありました。第一に、力の構造に大きな変化が起きています。具体的に言いますと、アメリカが圧倒的に強くて一極と言われたところに中国が台頭してきている。大きな歴史的な世界構造の変化です。第二に、コロナという一〇〇年に一度ぐらいの世界的な大流行が

あった。第三に、ロシアによるウクライナ侵攻が起こった。ウクライナ侵攻を引き金として、「ロシアの次は中国ではないか」「ウクライナの次は台湾ではないか」と、浮足立っているように見えるのです。そういうことから「戦争がまた起きるかもしれない」という認識・考え方が、少しずつ広まっているように見えます。

その結果、たとえ戦争が起きても準備できているようにと、軍事的な準備がいま進んでいます。経済的な関係も変えようという動きがあります。これまでは経済的な相互依存が、ある意味下支えになって米中関係も国際関係も安定してきていました。けれども、今は、その依存をなるべく減らしていくという動きが出ています。米中の文脈で具体的に言うと、中国に依存している部分を少しずつ減らす。特に戦略的に重要、経済的に重要だと思っている物資――半導体のようなもの――については依存を減らす傾向です。これは、危機が起こったときに依存しすぎていると脆弱だからという理由です。経済安全保障とも呼ばれています。こうしたアメリカや他の国の状況を見て、中国もやはりその準備ということで、より脆弱性を減らした形の軍事、経済を目指している状況になっています。米中対立については、アメリカは「決して負けられない競争だ」と言っています。

一方、二〇二二年には米中間の貿易は過去最高のレベルに達しています。一体、何をめぐっての競争なのかと不思議に思うわけですね。一つは、先ほどもお話に出ましたけれども、民主主義対専制主義の競争ということです。バイデン大統領もはっきりと何度も言っています。言い換えれば、ルールに基づいて問題を解決する方法をとる国と、力によって解決する方法をとる国の対立です。でも、これは少し見方を変えると、単なる力対力の競争、つまり誰が一番で誰が二番か、誰がトップに立つのかという力と力の競争なのかもしれない。大きな問題としては台頭国をどうやって現状維持国が受け入れていくのか、平和的に戦争を経ないで受け入れていくのかという、とても大きな問題が突きつけられていると思います。

先ほど中国脅威論の話をしましたけれども、この一〇年、二〇年の間にワシントンでも東京でも変化が起こっています。私はその脅威論について研究してきましたが、ワシントンでも東京でも「中国を完全な脅威とは思わないで関与していくことが大事だ」ということがずっと言われてきました。ところが今では、ワシントンで「中国に関与していかなければいけない」と言うと、「中国に甘すぎる」「プロフェッショナルとしてはもう通用しない」と批判されます。そのように発言することは、キャリア的に自殺行為と言われています。内心では中国に関与し続けることが大事だと思っていても、そういうことを言うと自殺行為だという感じになっている。

日本もだんだんと同じような状況になってきていますが、中国との関係を重視して安定化させること、関与していくこと、交流を模索することを支持している人が、アメリカあるいはワシントンと比べると、まだ多いと思います。そのなかで、先ほどお話がありましたけれども、コロナと戦略的不信のなかで、米中間でも日中間でも交流が減っています。これはとても危険なことです。なぜならば、相手が何を考えているのかわからない状況のなかで、双方が危機に向けた準備を進めている状況にあるからです。

では、どうしたらいいのでしょうか。私は「アイデアの市場（marketplace of ideas）」を作ることが大切だと考えています。要するに、いろいろなアイデアがこの市場のなかで自由に行き来しているという状況です。そうした状況を、日本国内だけでなく国際的に維持して作っていくことが大事なのではないかと思います。そのためには、マスメディアはもちろん、研究者たちが常に材料を提供して議論を促していくことが大事だと思います。

以上簡単ではありますが、私が今世界をこう見ていますというお話をしました。世界は黒か白かではなくグレーです。どちらかが一〇〇％悪いということはあり得なくて、常にいろいろな要素が絡まっています。しかし単純な議論ほどわかりやすいし、受け入れられやすい。「あいつらはけしからん」と言うと、「そうだ、そうだ」となります。しかし、「けしからんかもしれないが、その背景にはこういう事情もある」と説明すると、「何を言っているんだ」ということになる。重要な問題はグレーな部分が多いので、議論をするためには、何が起こっているかを分析し、情報を提供していくことがやはり大事だと思っています。

もう一つ、大事なことがあります。「大勢に流されない勇気」です。先ほど、「ワシントンでは随分空気が変ってきた」と言いました。東京でも、私が例えば「中国を抑止するにしても、やはりわかり合っていくことが大事だ」と言うと、以前はみんな「そうだ、そうだ」と言っていたのに、今では相当説明しないとわかってもらえない状況になってきています。こうした状況下において「大勢に流されない」とは、「今世界的な戦いが起きていて、この一〇年は一番大事なときだ」と、アメリカ大統領や他の人たちが言っていて、それが大勢になっていくときに、「いやちょっと待て、そうではない」ということだと思います。しかし、これは個人のレベルでも組織のレベルでも、簡単なように見えてそんなに簡単なことではありません。

これは、権力との距離とも関係しているのかなと思います。やはり権力の近くにいると情報が取れます。それは記者も研究者も同じです。私の専門は安全保障ですが、政府の政策の応援団のようなことをしていると情報も取れるし、いろいろな場面に参加できます。しかし、政府の政策に反論したり疑問を持ったりすると、情報が取りにくくなるし、政策決定への参加が難しくなります。体制の側にいるのは誘惑的でもあるし、政策提言するためにはある程度の近い距離にいることが必要な場面もあります。ただ、政府の政策を後押しするだけでなくて、分析して、それに対して疑問を呈することが、とても大事だと思っています。これを「"Good question"を提示する重要性」と学生たちによく言っています。

具体的に何かできるかというと、二つあると思います。一つは「戦争のコスト」の特定です。これは、ジャーナリズムに期待するところです。「戦争が起こったら、どれくらいの代償があるのか」を把握することが重要です。もし中国が台湾に侵攻したら、ロシアがウクライナ侵攻によって受けた以上に世界的な代償があるでしょう。世界経済は壊滅的な影響を受けるでしょう。今みんなが持っているiPhoneも一つの国で作られているわけではありません。一体そのことがどれくらいみんなに理解されているか。ある程度自由に研究したり、発言できたり、取材できたり、言論の自由が保障されている社会にいる私たちは、そうしたことを発信する責任があると思います。

あともう一つ、私たちは「何を守るのか」ということも考えなければいけないと思います。「負けられない競争」のあと、一体どういう世界を目指しているのか。ルールが解決する世界なのか、個人の自由を担保できる世界なのか、あるいはもっと身近な生命や財産だけを担保するような世界なのか、一体何を守るのか。それを守るためには、場合によっては人を殺すことも辞さないという大事なこととは一体何なのか。こういうことを突き詰めて考えていく必要があると思います。「何を守るのか」「どこで守るのか」「どうやって守るのか」ということを、みなが考え、流されずに発信していくことができるようになるといいと思います。

著書の『平和のための戦争論』では、「政策を選ぶのは国民で、戦争を選ぶのも国民だ」と書きました。民主主義国家にいる私たちは、それだけの大きな責務を負っていることを忘れずに生きていきたいと思っています。

米中の生々しい駆け引き

星　さらに議論を深めていきたいと思います。杉山さんに、米中関係と日本の全体像についてお伺いいたします。二〇〇八年にリーマンショックがあって、日本もヨーロッパもたじろいでいるときに、中国が台頭して牽引役を果たし、さらに二〇一〇年にはＧＤＰでも日本を追い抜きました。

私は以前、クリントン政権のときにワシントンで取材をしていました。その頃のアメリカは「中国は経済が良くなれば民主化していくから大丈夫だ」「香港は中国に返還されたけれども、中国が香港化していくんだ、中国が民主化されていくんだ」という楽観論が支配していました。しかし現実はそうはなっておらず、むしろ「香港が中国化」されているわけです。果たしてこの動きはどういうふうに展開し、日本はそれに対してどのような立ち位置を持てばいいのか。そのあたりのお話を、最前線で見てこられた杉山さんから伺えればと思います。

杉山　先ほど、今のアメリカで中国と台湾がエンゲージしてとアピールする姿勢をとると落伍してしまう感じがあるとおっしゃっていましたが、私もアメリカにおりまして、アメリカの対外関係の一丁目一番地はとにかくチャイナ、チャイナ、チャイナでした。これは、共和党・民主党、ワシントン・地方、官民を問わず、人によって言い方は若干違うにしても、基本的には中国が一丁目一番地の問題という意識が日本以上に強かったです。なぜ、こんなことになってしまったのでしょうか。

リーマンショックが二〇〇八年ということですけれども、その頃に日中のGDPが逆転して、二〇三三年ぐらいには米中のGDPが逆転すると言われています。二〇〇八年は、クリントン政権が対外政策にあまり関心がなかった時期ではないかというのが、今の評価です。そのあとアメリカで初の黒人大統領であるオバマ政権ができて、二〇〇九年一一月にオバマ大統領が訪中して米中首脳会談をしました。このときに、「核心的利益」という言葉を共同声明のなかに書くんですね。

核心的利益というのは、共産党政権の維持、領域一体性の確保、経済の発展の三つを指します。一番目の共産党政権の維持については、「共産党、つまり今の中国の体制を変えろ」ということを言っている人はあまりいないと思いますから、現状の中国の体制を維持すること自体はそんなに問題がない。二番目の領域一体性の確保については、領域の保全は日本を含めどの国も主権国家であればすることであり、それ自体は国際法の大原則であるから何の問題もない。三番目の経済の発展についても、中国の経済が発展することは非常にいいことである。以上より、核心的利益の三つは何の問題もないとオバマ大統領は考えて、共同声明にサインしてしまうんですね。

ちなみに、このときの副大統領が今の大統領であるバイデン、副大統領の安保担当補佐官が今の国務長官であるアントニー・ブリンケンだったんです。あまり深く考えないで共同声明にサインしたあと、彼らはそれがまずかったことに気づくんですね。

よく考えてみると、共産党一党独裁というのは、太平洋戦争の最後に軍部が絶対にこれだけは守るとした国体護持と同じなんですね。共産党独裁は絶対にやめないというわけです。これはちょっとまずいのではないか、共産党の支配を覆すということまでは言わないけれども、もう少し民主的な方法をとってもらいたいとみんな思っているわけです。

領土・領域の保全ということで、尖閣諸島の領有権を主張する、領域の保全だから占拠でも何でもやってもいい、そんなことを許しておけないわけです。

経済の発展ということについても、WTO（世界貿易機関）に入ってまともになると思ったら、ルールに基づかないで、この間のG7の広島サミットのコミュニケでも書かれましたように、悪意に満ちたいろいろな慣行で市場を歪曲する。そのようなルールに基づかない中国のふるまいがある。そういうことで経済が発展されるのはまずい。

つまり、核心的利益の三つの要素は、一つひとつとってみるとネガティブな部分がかなりあるわけです。これを認めるわけにはいかないということで、二〇一一年一月に胡錦涛国家主席が訪米してオバマ大統領と会談した時に、アメリカは共同声明に三つの核心的利益を入れるのは絶対にだめだと言って、当時の交渉担当者が十何時間にも渡って交渉しました。その結果、アメリカの主張が通って核心的利益は盛り込まれなかったんですね。外交上よくやるのですが、「両国は前の共同声明に書いたことで一致した」ということにしたのです。そうすると、中国側は「前の共同声明で書いたから、改めて同じことを言わなくて済んだ」と言い、米国側は「前に言ったことは明示的には言わなかった」と言ったんです。

同じ年の八月、当時のジョー・バイデン副大統領は、当時ナンバー2だった習近平に呼ばれて、中国に行きました。それでバイデン副大統領は帰りに東京に寄って一泊だけしたんです。バイデン副大統領のカウンターパートは当時、麻生副総理でした。安倍総理が官邸でバイデンとディナーをした時、私は外務省の担当者として同席していました。キャロライン・ケネディの横にバイデン副大統領がいました。「私の隣にいる有名な女性、キャロラインの隣の人は誰だ」と、冗談を言われました。「副大統領がそんなことを言うぐらい、キャロライン・ケネディは日本では有名だ」というのが、最初のジョークでした。でも、その時に日本側はみんな「あなたは中国には六日間もいて習近平と中国を回っていたのに、日本にいるのはたった一泊だけ？ なんという態度だ」と思っていたんですね。私もアメリカの担当者に、「もうちょっとなんとかしていただけませんか。日本側はみんなあまり愉快ではないと思っています」と言いましたら、それが副大統領の耳に入ったのかもしれません、食事の最初のときに「ミスター・プライムミニスター、日本とは三時間話せば全部わかる。でも、中国とは六日交渉しても話が終わらない」というのです。「よく言うよね」と思いました。「中国には六日間も行って、習近平と一緒に旅行して美味しいご飯を食べて、それに対して日本は一泊だけなの」という感じでした。

それで、二〇一二年二月の米中戦略対談では、中国側は「核心的利益ということはもう言わない」と言い出したんですね。それで何と言ったかというと、「新型大国関係（New model of great power relations）」と言い出したのです。「まあ、これならいいか」と言ってアメリカは呑んだんですね。ところが、それからしばらくして二〇一三年一二月、バイデン副大統領が訪中したときもこのことを言うんですが、このあと中国の担当者が「実は新型大国関係というのは、核心的利益そのものなんだ」と本音を言ったものですから、アメリカ側は「なんなんだ。新型大国関係と言われてもよくわからなかった。中国に騙された」となりました。それで、二〇一四年二月にケリー国務長官が訪中したとき、アメリカは「こんなことは共同声明には断固書かない」と拒否したわけです。このケリー国務長官の訪中後、二〇一四年四月にオバマ大統領が訪日して、尖閣諸島に対しても日米安保条約第五条が適用されることを明言したのです。

日米安保条約第五条には、「日本の施政下にある地域に対して武力攻撃があったときは、日米が共同で対処する」、つまりアメリカの対日防衛義務が発生することが書いてあります。その対象は「日本の施政の下にある地域」です。竹島も日本の領域ですが、残念ながら日本の施政下にはありません。北方領土も我が国の領域ですが、残念ながら現在我が国の施政下にありません。ですから、安保条約第五条適用ということにはならないんですね。これに対して、尖閣諸島が日本の領域下にないという主張をしている人は、この世のなかにただの一人もいません。中国が領有権について独自の主張をしている事実はありますけれども、その中国も尖閣諸島・列島が日本の施政下にある領域であることについて文句を言ったことは一度もないんです。尖閣諸島について安保条約第五条が適用されることは、条文の文理をみれば当たり前なのですが、ただ、それまでアメリカはそう明言してこなかったんです。で、先ほど言いましたように核心的利益の論を封じ、新型大国関係という文言を共同声明に入れることも拒否した二ヶ月後に、初めて尖閣諸島についても安保条約第五条が適用されることを明言しました。これは政治的に非常に大きな意味のあることでした。

そのあと、トランプ政権になってからも紆余曲折がありました。ティラーソンという国務長官がいましたけれども、ティラーソンのあとポンペイオ国務長官になってから、アメリカの対中政策が大きく変わります。オバマ大統領のとき中国に甘かったのではないか。このときに中国に甘いことをやってしまったから、そのツケが回ってきたのではないかというのが、トランプ政権の強い確信だったように思います。中国をいわゆる戦略的競争相手（Strategic competitor）と位置付けるのもこのときで、今のバイデン政権もそうです。

これを見ていたのがバイデン大統領、実際にやったのもバイデン大統領、そしてその時安保担当補佐官をしていたのが、今のアントニー・ブリンケン国務長官です。「自分たちはこのときにどじをふんだ。杉山さん、二度とこういうことはしないから」と言われました。バイデンさんがまだ大統領になる前、ブリンケンさんは国務副長官をやっていて、私は当時外務次官で、カウンターパートとしていろいろなところで話をしました。バイデンが大統領に当選する前も、随分よく話をしました。ブリンケンさんはずっと、「中国には二度と騙されない。自分たちは酷い目に遭った。日本もそう思っているでしょう。日本はどういうふうに中国と付き合うつもりなのか」と言っていました。それに対して私は、「あなたたちにそんなことは言われたくない。あなたたちは中国とはたかだか二〇〇年しか付き合いがないが、こっちは二〇〇〇年も付き合っているんだ。その間、悪いこともあったし、良いこともあった。付き合っている程度があなたたちとは全然違うんだ。あなたたちにとやかく言われる筋合いはない」と言いました。彼らもプライドが高いから、「あなたたちがどうやってるか教えてくれないか」とは絶対に言いませんが、「では、あなたたちは中国とどう向き合うつもりなのか言ってくれ」と言われると、「そうだよな。日本は今まできちんと言ったことがないかもしれないな。でも、アメリカの言いなりにはならない」とは言っても、「じゃあデカップリングなんて馬鹿なことは言いません。ちゃんと経済だって進めます」、「経済を進めたらじゃあ尖閣をどうするんですか？」と言ったときに、「我々は対中関係をポイントにどう考えているんだろう」とずっと考えても、その答えは浮かびません。「日本はアメリカの言いなりにはなっていない。ずっと独自の外交をやってきた。確かに日米安保に守られてきた側面はあるかもしれないけれども、日本は日本で自分たちの領土のことをちゃんとやってきた」といったところ、「何か一つでも例を言ってくれ」といわれたことがありました。日本がアメリカの言うことを聞かなかったことは、細かなところではあるのですが、大きなところでは正直余りなかったかもしれません。

星 かなり生々しい話をお伺いできて、ありがとうございました。
新谷さんは、今杉山さんが説明された米中関係や日本の対米関係についてかなり言いたいことがありそうですが、どのようにご覧になっていますか。

アメリカの視点から見た世界を疑う

新谷 久しぶりに大学の講義を受けているような気分で、勉強になります。
先ほどの植木先生の説明のなかで非常に興味深い点がいくつかありました。一つは「世界はグレーである」ということです。この点にはまさに共感します。今ウクライナで起こっていることもそうですが、「どちらが正義なのか」「絶対的な正義はあるのか」というところを、もう一度きちんと考えるべきではないかと思います。「アメリカやEUが正義で、ロシア・プーチンは絶対悪なのか。そんなレッテルを貼っていいのだろうか。日本はアメリカやEUに唯々諾々と引っ張られていく状況で本当にいいのだろうか」という疑問は、個人的には非常にあります。

『文藝春秋』ではフランスの人口学者であるエマニュエル・トッドさんや、シカゴ大学のジョン・ミアシャイマー教授にインタビューしています。例えばミアシャイマー教授は、「バイデン政権は『リベラルの錦の御旗の下に、民主主義の錦の御旗の下に』と言っているが、バイデン大統領が声高に唱える『リベラル』とは実は覇権主義のことではないのか」というわけですね。一理あると思いました。

たしかにプーチンがやっていることは侵略戦争でけしからんことですが、時にはプーチンの側に立って世界をみることも必要かなと思います。日本の報道を見ていると、「ウクライナがんばれ」の一色です。私も「ウクライナがんばれ」と思うし、ウクライナが酷い目に遭っているのは確かです。しかしその一方で、ウクライナにどんどん兵器を援助してロシア、プーチンを追い詰めていくリスクをどのぐらい考えているのだろうかと、外交安全保障については素人ながら思います。今も、追い詰められたプーチンが核使用をほのめかしていますが、実際に最悪の事態が起こる可能性はどのぐらいあるのだろうか。ゼレンスキーは反転攻勢でクリミアまで奪還すると明言しています。極めて高いハードルですが、本当にクリミアを奪還するとなると、どのぐらいのリスクなりコストなりがかかるのか、ゼレンスキーは考えているのだろうかと心配になります。

『文藝春秋』に大木毅さんという軍事の専門家が寄稿してくれた論考によれば、ロシアでは「これは第三次大祖国戦争だ」というとらえ方があるそうです。プーチンも、この間の戦勝記念日でそれに近いことを言っていました。「これは戦争である。特別軍事行動ではない。最初にナポレオンに攻められたのが祖国戦争、そのあとナチスドイツに攻められたのが大祖国戦争、今回はそれに準ずる戦争だ」とプーチンが言えば、ロシア国内の戦意が高揚するわけです。ロシアには、今までずっとヨーロッパのほかの国々から嫌われて、虐げられて、のけ者にされてきたという被害妄想があると思います。ロシア国民が目覚めて本気になったら、そう簡単にはクリミアは奪還できないし、出口も見えなくなるでしょう。どういう形で戦争は終結するのだろうかと思います。

ナポレオンと戦ったときもナチスと戦ったときもそうですが、ロシア・旧ソ連は攻められた時に強い国です。戦局がグダグダになって受け身になっても焦土作戦をやるなど、驚異的な粘り強さを持っている国です。そう簡単にプーチン・ロシアを屈服させることはできないのではないかなと思います。

日本はもう少し複眼的にというか、アメリカから見た世界ではない見方をするべきだと思います。杉山さんの横でこんなことを言うと、「何を言ってるんだ、素人め」と思われそうで恥ずかしいのですが、素人ながらそう思います。日本はアメリカと地政学的に条件が全然違っていて、ロシアに非常に近いです。中国なんかもっと近いわけです。アメリカで育まれてきた民主主義を、そのまま日本に適用できるのかと思います。確かアメリカの政治学者のイアン・ブレマーが、「日本はEUのように、もっとアメリカにノーと言うべきだ。EUとしっかり連携するべきだ」ということを言っていましたが、アメリカの民主主義は非常に自分勝手な、自分さえ良ければいいという側面があると思います。アメリカは壮大な実験国家で、地政学的にも特殊な国です。巨大な島国であり、資源も食料もあって、恵まれた環境のなかで育まれてきた民主主義をヨーロッパや日本に押し付けて、自分たちと同じ価値観のもとで中国やロシアと対峙しろというのは、いささか乱暴だと思います。例えばフランスは、アメリカに対しても言うべきことは堂々と言っています。

杉山さんは「日本はアメリカの言いなりではない」とおっしゃっていたので、そうだと信じたい。いずれにせよ今こそ、そのアメリカに対してはっきりノーと言った石橋湛山に学ぶべきだと考えています。石橋湛山は戦後GHQに睨まれて公職追放されたりしましたが、それでも彼は総理大臣を辞めたあと岸政権の時に、中国に行って周恩来に会うわけじゃないですか「一九五九年九月」。日中米ソ平和同盟構想を提唱して、周恩来と一致しているわけです。そういう日本独自の立ち位置から世界をみる外交を、これまでもやってきたかもしれないけれども、もっともっとやってほしいと思います。それこそ二〇〇〇年間付き合っているからこそわかる中国との付き合い方というのもあると思うし、ロシアとの付き合い方というのもあると思うのです。

今日のパネリストのなかで私が外交を語るのは恥ずかしいのですがあえて言えば、北方四島に関して安倍さんは、「プーチンと二七回も会っても、結局、北方領土は返ってこなかったじゃないか」と叩かれていました。それでも私は、粘り強く何度もプーチンと会うことにはすごく意味があったと思います。ロシアに敵国と認定されるよりは、「シンゾウはいいやつだから敵とは言えないよな、親友とまでは言えないけれども、まあいい関係だ」ぐらいに保つためにでも会うことは、有意義ではないかと。安倍さんの外交はもっと評価されてもいいと思います。岸田さんがゼレンスキーに敵を召し取れと広島のしゃもじを贈ってプーチンを怒らせたという話がありましたが、ああいうしょうもないことをするよりは、大きな成果、目に見える成果ではないけれども最悪の事態を招かないための外交を、中国やロシアとの間でもっと積極的にやっていくべきではないかなと思います。

星　ありがとうございました。ちなみに石橋湛山は今から九九年前の一九二四（大正一三）年に、東洋経済新報で「アメリカは不遜、日本は卑屈」という社説を書いています。その当時から慧眼があったと思います。

五十嵐さん、先ほどの杉山さんのお話を含めて、米中関係の変容ぶりをどういうふうに受け止めていらっしゃいますか。

中国に対しては懐を開くことも大切

五十嵐　杉山さんのお話を聞いて、習近平が国家主席になって初めて訪米し、カリフォルニア州のサニーランドでオバマ大統領と会談した時のことを思い出していました。そのとき、習主席が「新型大国関係」の構築を直接提起したのに対し、オバマは認否を明確にせず、中国の真意をよく理解していないような感じを受けました。実は現場で取材していた私自身もよくわかっていなかったのですが。ただ、習氏の口からは同時に「太平洋は米中二つの大国を受け入れられる十分な広さがある」という、まるで太平洋二分割みたいな話が出てきて、「これはヤバいぞ」という空気がアメリカ側にも強まっていったことを思い出しました。

私が政治部で取材をしているとき、杉山さんのさらに先輩にあたるベテラン外交官の方々から、「対中政策に関して、アメリカと日本が完全に一致することは無理だ」というようなことを、オフレコでたびたび聞きました。あと、「日本の総理の役割は、アメリカの大統領に中国についてブリーフィングすることだ」とおっしゃっていたことも思い出しました。日米同盟を基軸としながらも、中国については米国が誤ることもあるからいいなりにはならず、もっと主体的に取り組むべきだというメッセージだと受け止めました。

先ほど植木先生がおっしゃっていた「世界はグレーである」という話や、新谷さんがおっしゃっていたロシアとの付き合い方の話は、中国にもあてはまります。私が中国特派員をしてすごく苦しんだのは、中国独自の視点や考え方を、どのように伝えるかということでした。もともと私は中国専門家ではなかったので、赴任した当初は中国について誤解していたり、ステレオタイプでとらえたりしている部分もたくさんありました。それが中国で暮らし、中国人の主張に繰り返し接していると、「なぜこの人たちは、東シナ海や南シナ海で我が物顔で振る舞いながら、『覇権を唱えたことはない』なんてことを平気で言うのか」ということも、賛同は決してできないけれど、理屈はなんとなくわかってくるわけです。彼らの認識からすると「一八四〇年のアヘン戦争以来、中国は欧米列強にやられて調子が悪かった。だから今は、世界のみんなから尊敬されていたかつての中華民族に戻ろうとしているだけである」という感じでしょうか。

私たちメディアは「習近平一強」と何度も書いていますが、杉山さんのお話を伺っていても、胡錦涛時代から共産党による統治を強化するという大方針は継続しているわけです。今の中国の対外強硬姿勢は、習近平という指導者の個性によるところも大きいとは思いますが、根本にある共産党の世界観や行動原理を理解しようともせず、「中国は経済力を背景に、自由や民主主義といった欧米の価値観に挑戦しているからけしからん」とひたすら批判しても相手には響かないと思います。一方で、中国なりの理屈や事情をそのまま原稿に書いてしまうと、今度は社内外で、「五十嵐は親中派になったのか」と言われたりして。そのあたりのバランスは難しいです。

中国をわかったように語るのは本当に憚られるのですが、中国人との付き合いは、こちらから「私は友達ですよ」という姿勢を示さない限り話がなかなか始まらないと感じます。警戒感が強いんですよね。外交においてもおそらく、敵対するだけでなく、懐を開かせないといけないのでしょう。あともう一つ大事なことは、中国はこちらが強くないと相手にしてもくれません。

安倍さんが対中政策として一帯一路を支持したことに関してはさまざまな評価がありますが、ああいう形でまず向こうに理解を示すことをしなければ、対話は始まりませんでした。さらに、安倍さんが選挙で何度も勝ち、国内に強い政治基盤を持っていたことが、中国を「日本と対話しよう」という気にさせたのだと思います。

これまでの関与政策、つまり「中国の経済発展への関与を続ければ、いつか民主的な国家として国際社会に取り込めるだろう」と期待するのは甘すぎる考え方でした。これからは中国に対し、「あなたたちが国際社会では通用しない行動を続ければ、大変なコストがかかる」とことを直接わからせていくことが、やはり重要です。すごく難しいことはわかっていますが、他に有効な選択肢は見あたらないように思います。

あるベテラン外交官の一言

星　どうもありがとうございました。ここでしばらく休憩を取る前に、次のステップを考える上でのエピソードを私から少し紹介したいと思います。

杉山さんと同じように、外務次官、駐米大使、それから早稲田大学の先生という経歴を歩んでこられた栗山尚一さんという、非常に立派な外交官がいました。栗山さんが亡くなる前、何回か話を聞く機会がありました。

栗山さんはアメリカ系の外交官で条約局長などもやられた方ですが、「人間関係において、一方は勉強ができる、スポーツができる、芸術もできると何でもできるのに対し、もう一方は全部相手に敵わないということでは、本当の友情は生まれない。国と国との関係も同じだ。アメリカが、経済、軍事、国際政治のなかでのパワー、文化とすべての面で日本を上回っていて、日本は何をやってもアメリカにかなわないということでは、日米間に本当の友情は生まれない」と言うんですね。「日本は一個か二個でいいから、アメリカを上回るようなものを作らなくてはいけない」というのが栗山さんの持論でした。

栗山さんは外交官としてそれをずっと考えてこられて、「もしアメリカを上回ることが日本にあるとすれば、それは中国との関係だろう」ということでした。「日本は二〇〇〇年以上前から中国と付き合ってきて、中国語ができる人もいるし、立派な学者もいっぱいいる。中国の事情もよくわかっている。中国とのビジネスも活発だ。だから、『中国には歴史的にこういう経緯がある。そして、今こんなことを考えている』と、日本がアメリカに対して良いアドバイスをする関係を持てれば、日米関係も本当の友情に育っていく」ということを聞いて、なるほどと思ったことがあります。

中国がこれだけ台頭してくると、日本のことを本当に相手にしてくれるかどうか微妙なところもあります。しかし、ベテラン外交官の慧眼のひとことが、日本にとって参考になるかなと思った次第です。

2　国際社会のなかでの日本——湛山を介して考える

星　話のきっかけになることを一つ紹介して、後半を再開したいと思います。

私は新聞記者を長くやってきました。新聞記者の仕事は、世の中の人があまり知らないことを見つけてきて、世に知らせるのが一番の仕事だと先輩に聞いたことがあります。その点で言いますと、この間、広島サミットがありました。各国首脳たちが原爆資料館も見たし、献花もしたということで、成功裏に終わったとされています。サミットの直後、外務省のある局長に成果を尋ねたら、その人は「国力が低下するということは悲しいことだ」と言うんです。私は「えっ、うまくいったんじゃないの」と言ったところ、「各国の首脳たちはみんなにこにこしているけれども、日本の影響力が下がっていることは他の国の人たちはみんな知っている。昔に比べれば日本の影響力は非常に下がってしまった」と話していました。それもやはり、経済、少子高齢化、財政赤字など日本の国力低下の結果です。防衛費はこれから拡大することになっていますが、日本の防衛力が果たしてどこまでレベルが上がるのか疑問だという議論もあります。

経済を涵養して日本の自力をつけるということが石橋湛山のベースにあるわけですが、国力が低下する日本をこれからどういうふうにしていくのか、これから日本はどういう道を進むべきかという話から始めてみたいと思います。杉山さん、いかがでしょうか。

日本のすばらしさを発信しよう

杉山　先ほど星さんの話にあった外務省の局長の発言については、私はちょっと違う感じを持っています。今星さんがおっしゃった国力とは、おそらく経済力や人口ということを言っているのだと思います。経済力は明らかに少子高齢化、人口減少のなかで弱くなってきています。新しい人口が八〇万人もないわけですから。近い将来、人口はかなり減って八〇〇〇万ぐらいになるかもしれないと言われています。ＧＤＰは二〇〇九年まで二位だったのが二〇一〇年から三位になりました。私が一等書記官をしていた時は貿易摩擦の真っ最中で、日本のＧＤＰは世界の約四分の一、二五％ぐらいでしたが、二〇二一年［以下同］は五・二％です。アメリカが二四％ぐらいで、中国が一八％ぐらいですかね。それで、日本には貿易赤字も二〇二一年度で五兆円超あります。そのうち日本はドイツにもＧＤＰで抜かれるだろうと言われています。

しかし、私がお仕えした安倍総理は、二〇一六（平成二八）年のケニアのアフリカ開発会議で「自由で開かれたインド太平洋」ということをいいました。トランプ政権も最後のほうで同じようなことをいい出しましたが、もともと日本発のアイデアだったんです。これは一つの例でしかありませんが、日本には「自由で開かれたインド太平洋」のような構想力、発信力はものすごくあると思うんですね。日本は、NATO（北大西洋条約機構）加盟国でもないウクライナとも話しをする。先ほど言いましたように、中国とは二〇〇〇年付き合ってきた歴史がある、日本人は非常

に丁寧だし、真面目だし、時間を守る、約束を守る、食べ物は世界一美味しい。食事は何のチップもなく、温かいおしぼりまで出てくる。こんな国はない。アメリカでしばらく生活していると、日本では普段当たり前だと思っていることが、素晴らしいことだと気づきます。だからといって、日本は世界に冠たる唯一の文化的に優れた国だという考え方をするわけではあり

ません。日本は八〇年前にそう考えて、失敗しました。いばるわけではなくて、みんなで日本の素晴らしさを発信して楽しもう。日本の素晴らしい力というのは、決して衰えてはいません。経済力が衰えて人口も少なくなるかもしれませんが、これから日本は国際社会のなかでより積極的に立ち回る力を持っていると確信しています。

星 新谷さん、日本の現状をご覧になっていますか。

今こそまともな議論を戦わせよう

新谷 私が『文藝春秋』の編集長になったのはちょうど二年前のことです。その時に掲げたモットーは、「目覚めよ！日本」でした。ちなみに『週刊文春』の編集長になった時に掲げたモットーは、「親しき仲にもスキャンダル」です。いくら仲が良くても書くべきことは書くぞと。先ほど植木先生のパワーポイントにも出てきましたが、権力との関係性のなかでグットクエスチョンといいますか――彼らからするとバッドクエスチョンなのでしょうが――、容赦せずに聞くべきことは聞き、書くべきことは書く。

それはさて置き、「目覚めよ！日本」とはどういうことかといいますと、「失われた三〇年」

と言われますよね。「日本だけ、政治も経済も社会もさまざまなことが前に進まない。時計の針が止まってしまったようだ」と言われています。なぜなのでしょうか。私は、やはり日本が抱えている、厄介だけれども大事な問題、本来は目を背けてはいけない問題をことごとく見て見ぬふりをして、先送りをし続けてきた三〇年だったと考えています。その結果、時計の針は止まって「失われた三〇年」になってしまったと思うわけです。

外交・安全保障もそうですよね。日本は憲法九条があって、非核三原則があるから平和な国だ。日本は平和を愛する国で、憲法にも書いてあるように諸外国もそれを守り、かつその良心を信じれば大丈夫、という非常に楽観的な状況のままずっときています。

国家財政についてもそうですね。「国債発行は借金ではない」とMMT（現代貨幣理論）を主張する人がいます。日本国内で日本の円を使っている間は、お札をどんどん刷ってどんどんバラまいても大丈夫だ、破綻しないと言って、財政赤字に真剣に向き合おうとしないわけです。

象徴天皇制もそうだと思いますよ。秋篠宮家の人気がなくなっていますが、皇室もこのままほうっておいて大丈夫かなと思います。象徴天皇制を持続するうえで何が大事かといえば、やはりミッチーブームに代表されるような国民からの敬意であり、人気ですよね。そうした前提がなければ、今までのように象徴天皇制を維持できるのか心配です。

エネルギーの問題もそうです。日本はもともと資源がなくて、原発に頼らざるを得ない状況のなかで三・一一があり、福島第一原発事故が起きて、いったん原発は駄目だとなりましたが、結局頼らざるを得ないことになりました。岸田さんはなし崩し的に再稼働やリプレースに積極的な姿勢をとっていますが、十分な国民的な議論や丁寧な説明がなされているとは到底言えない。本当に重大な問題、厄介だけれども最終的な問題が山積みになっているのに、政治家がまともに向き合ってきたとは思えないんです。

岸田政権の中枢の人たちとも、よく議論しますよ。例えば、「防衛費についてＧＤＰ比二％に増額するなら、国民を二分する議論なわけだから、総理が国民に説明をした上で信を問うべきではないですか」と聞くと、「そんなことをしたら、票が逃げるからだめです」と言うのです。原発も同じですよね。とにかく選挙で票が逃げることを恐れ

て、本来国民に信を問わなければいけない大事な問題を先送りし続けて、いよいよにっちもさっちもいかなくなっているのが現状ではないかと思います。

『文藝春秋』は菊池寛が創刊してちょうど一〇〇年ですが、国民雑誌として「目覚めよ！日本」と広く訴えかける役割を果たさなければならないと考えています。今まで先送りにしてきた厄介な問題を、きちんとテーブルに乗せて、当事者を呼んで議論しなければならない。今は本当にまともな議論がありません。リフレ派と財政規律派とか、右か左かみたいな感じで分かれてしまって、お互い遠くから石の投げ合いをしているというか、まともな議論にならない。相手の言っていることに対してフェイクニュースだと、トランプさんみたいなことを言うんですね。

今こそ、まともな議論をしっかりしましょうと訴えたい。それこそが石橋湛山の精神だと思います。全員が一〇〇％納得できる答えが得られないとしても、真っ当な議論を戦わせることで、最適な答えに近づくことができる。そうした努力をするべきです。そのためにメディアが果たすべき役割は大きいと思います。石橋湛山が東洋経済新報で果たした役割を、『文藝春秋』も果たしたい。

星　それでは、『中央公論』の立場から国力の問題について、お願いします。

真っ当な議論に向けてメディアの役割

五十嵐　私が読売新聞から『中央公論』に移って強く感じたのは、「論壇」というプラットフォームの大切さです。新聞にいた時もたくさんの専門家の方々を取材してきましたが、雑誌ではさらに扱う分野が広がり、それぞれ第一線で活躍されている方々に、長めの原稿の執筆をお願いしています。ありがたいことに、スケジュールの関係でどうしても都合がつかないといった場合以外は、ご快諾いただけることが非常に多い。『中央公論』の一四〇年近い伝統と信頼があってのことだと思っています。日本の論壇、言論界のレベルは、まだまだすごく高いと感じてもいます。こうした優れた論考を、まっとうな議論につなげていくために、メディアはいっそう努力していかなければならないと思います。

先ほどトランプの話も出ましたけれども、アメリカでは党派対立が先鋭化し、議論の土台となる共通のプラットフォームが失われている状況です。メディアに対する信頼度は、いずれの国も低下傾向にありますが、特にアメリカの下がり方は顕著です。アメリカの主流メディアは総じてリベラルですから、民主党支持者のメディアへの信頼度は比較的高いのですが、共和党支持者のほうはものすごく下がっています。目にする情報が両者で全く違っていて、議論の共通点がありません。日本はまだ、朝日新聞を読んでいる人は「読売新聞なんて絶対に読まない」ということはありませんし、メディアの論調においてもアメリカほどの党派対立はみられない状況です。党派対立をあおるのではなく、まっとうな議論の土俵を提供するにはどうしたらいいか、メディアが一体となって真剣に議論をしないと、機を逸してしまうのではないかと心配しています。

あともう一つ、国力の問題ですね。経済力では日本はもはや中国に太刀打ちできない状況ですが、コロナが一段落して中国人がたくさん日本に来はじめています。日本は国際的にみて物価が安いということはもちろんありますが、やはり居心地がいいのでしょう。これは中国の特に富裕層に限ったことではありますが、最近は中国の政治体制や将来を悲観し、日本ならば安心して暮らせる、食べ物はおいしいし生活も安定している、中国にも物理的に近いということで、自分や家族がいざという時に暮らすためのマンションを購入したりもしています。彼らにとっては政治的な安定も日本の魅力になるわけです。「日本スゴイ」とやみくもに日本を賞賛することには違和感を覚えますが、日本の何が魅力かということを、外国の視線なども通じてよく考え、戦略的に発信していくことが重要だと思います。

星 日本の国力低下の一因として、女性の活躍の場が少ないということも挙げられると思いますが、そのあたりにつきまして植木さん、いかがでしょう。

日本の影響力はまだまだある

植木 女性に関する質問については、あとでお答えしたいと思いますが、その前にいくつか考えたいことがあります。「国力が低下すると影響力がなくなる、悲しいことだ」といわれますが、何をもってそう感じるのか、実はあまりよくわかりません。私は、「相手が強くて影響力を持っている」と感じるのはどういう点かということが、結構大事なポイントだと思っています。

ある人が、またはある国が、自分が取りたくない行動を取る場合、一体どういう方法があるか。一つめは頭を叩いて、言うことを聞かせるというやり方です。これはハードパワーの部分です。軍事力や経済力をハードな面で使う。しかしこの方法は、国全体の大きさが減ってくると、力が弱くなってしまうというところがあります。二つめは、お金を渡してお金で釣るというやり方です。経済的な市場が大きかったり、相手が買いたいものを作ることができる。経済依存の根底にある仕組みです。三つ目のやり方は、相手も「それはいい」と賛同するようなことをする、ということです。繰り返しますと、一つめはハードパワー、二つめは経済力、三つめは規範や文化ということになります。

「あの国は強い影響力を持っている」と他の人が思うときというのは、必ずしもその国のGDPの大きさをわかって言っているわけではありません。例えばオーストラリアは、日本よりもGDPの規模はずっと小さいですが、意外と発信力があって影響力もあります。先ほどから日本の魅力ということが言われていますが、日本も実はこの三つ目のところ、あるいは二つ目のところでも影響力をまだまだ発揮できると思います。また、相手がどう思うか、相手にどう思わせるかというところも大事かなと思います。

それでは、どういうことが日本にとって三つ目のやり方にあたるかですが、これに関して「ああ、そうなんだ」と思ったエピソードが二つあります。

一つは、まだ防衛省にいた頃でした。防衛省には各国の軍関係者や安全保障・防衛関係者が多く来ていて、日本の窓口として、いろいろな国の人を接遇したり意見交換したりしています。ある国の人から、「私たちの国はとても小さい。安全保障環境も良くない。同盟国になってくれる国もいない。国連も助けてくれるとは限らない。私たちはいったいどうしたらいいのか。一方、日本は経済的に豊かではありませんか。あれだけ大きなアメリカと同盟も結んでいます。日本にはもっと頑張ってほしいと思っています」と言われました。

確かに、日本は明治以来、一等国になろうと走ってきて、今も一等国のなかで一番の国であるアメリカを同盟国としています。日本の影響力は下がっていると思いますが、世界には同盟国もいなくて、国力もどうやって上げていけばいいのかわからない国がたくさんあるわけですね。そうした国々からの日本に対する期待は大きいのです。逆にいえば、日本ができること、影響力もまだまだあるということです。

もう一つのエピソードは、私は最近いろいろな国の人と会議する場面が多いのですが、特に東南アジアの国の人たちは、米中の間で不安をかかえて生きています。日本も米中の間でどうしようかと考えていますが、もっと小さな国は米中の間でどうやって自分たちの生きたいように生き、国を維持していくかということに悩んでいます。

東南アジアの人たちからよく言われるのは、日本に対する期待感です。例えばアメリカがTPP（環太平洋パートナーシップ協定）から去った後で関係国をまとめた日本のリーダーシップをみて、日本は安定剤になってほしい、日本がアジアをひっぱってほしいという期待感があります。バイデン大統領も、来年［二〇二四年］大統領に再選されるかもしれません。習近平主席も三期目で終わらず四期目もするかもしれない。ただ、アジアも世界も、それよりずっと長く続くわけです。日本はそうした未来を見据えて発信することで、影響力を維持できると思います。

さて、先ほど星さんから女性活躍に関してご質問がありましたが、私が朝日新聞社を辞めたのは、ちょうど子供を産んだ時でした。その時、安全保障の勉強をもっとしたいとも思っていました。育児と勉強を両立させるのはなかなか難しかったので、それだけが理由ではありませんが、朝日新聞を辞めて今の道を進みました。今は女性記者も、シングルマザーでも特派員になれるようになっていますが、日本社会では女性進出はまだまだ難しいところがあります。企業によっては変わったところもあるのかもしれませんが、小学生ぐらいの子どもを持つお母さんに対する期待や、やらなければならないことはそれほど減ってはいません。子供を育てることの負荷は、どうしても母親のほうにのしかかってきます。

「女性が輝くことができる社会」というスローガンがありましたが、二〇〇〇年当時は、「移民政策をしっかり考えましょう」という議論がありましたがあまり進みませんでした。アメリカの記者たちが冗談めかして「日本の政策担当者は、ガイジンよりも女のほうがまだいいと思ったんだろうね」と言っていましたが、移民政策もずっと停滞しています。女性問題もそうですが、日本には移民政策がありません。今ならまだ、「日本の賃金でもいいので、日本に住んで働こう」と思っている外国の方はいるかもしれませんが、もうしばらく経つとそう言う人もいなくなるでしょう。日本は労働社会の流動性を上げることも大切ですが、やはり真剣に移民政策を考えて、移民を受け入れていかないと衰退していくだけだと思います。

一方で、移民を受け入れていくとなると、「日本とは何か」ということもみんなで考えないといけません。私たちは、自分たちを日本に生まれたから日本人だと思っていますが、日本人というのは血で規定されているわけではありませんし、たまたまここで生まれたというだけではないはずです。それでは日本とは何なのか。その問いをきっかけに、アジア太平洋地域をどうしたらいいのかというところにもつながっていきますし、それを考えない限り日本の影響力は空虚なものになります。世界のなかで日本はどうしていきたいのか、日本をどうやって守るのか、日本にとって大事なものは何なのかを議論しない限り、日本はこれからもたないのではないかと思っています。

もう一点、言わせてください。確かに「目覚めよ、日本」ということも大切ですが、私は「怒れ、日本」ということを言いたいです。「こんなの、おかしいじゃないか。これだけずっと頑張ってきて何でこれなんだ。納得いかない」と思う政策があれば、怒り、議論を戦わせることが必要だと思います。議論を戦わせることで、どの政策を選んでいけばいいのかということにもつながるし、投票行動にもつながります。日本はとてもいい制度があるわけですから、その制度を使って、社会をより活力のあるいい方向に変えていくことを提唱したいと思います。

星　石橋湛山も、非常に大きな「怒り」を持っている人でした。小日本主義のベースにあったのも怒りです。「日本は植民地をいつまで持っているんだ。台湾も朝鮮も手放せ」と激しく言ったこともあります。戦後直後は「靖国神社を廃止しろ」ということまで言ったことがありました。そういうパッションというか、怒りみたいなものは、政治やジャーナリズムの原点のような気がします。

ここで、メディアについて考えてみたいと思います。基本的な話を申し上げますと、この二十数年、日本の新聞はものすごい角度で、影響力や部数を失っています。二十数年前、一日五五〇〇万部くらい出ていたのが、今や三〇〇〇万部です。当初は一年間に二、三〇万部減るペースでした。その話を聞いた時、「新聞もついに減り始めたか。三〇万というと信濃毎日新聞ぐらいだな」と思ったのですが、二〇〇七年頃から一年間に一〇〇万部減るようになりました。「一〇〇万部というと、北海道新聞がなくなるぐらいだ」と話して、北海道新聞の記者に「縁起でもないことを言わないで」と言われたことがありました。二〇一七年以降はなんと一年間に二〇〇万部減っています。これは中日新聞が一紙なくなるぐらいの数字で、大変なことになっています。

新聞社はインターネットでのページビュー（ＰＶ）を稼ぐようになり、ネットが隆盛を極めています。皆さんご存じのように、ネットで自分の知りたい記事しか見ないと言う人がいます。読売新聞でも連載していましたが、ネットはおせっかいなことに、ある人が興味を持ちそうな情報ばかりをどんどん流してきます。一種の情報偏食のようなことが起きています。

新聞社にいたから言うわけではありませんが、新聞は一面に人々が興味を持ちそうなニュースを載せる一方で、オピニオン欄にいろいろな人たちの意見も載せます。それなりに全体のバランスは取れています。それがネット優先時代になると、人々のバランス感覚やものを考える力というのは、果たして大丈夫なのだろうかと思います。最近はChatGPTのようなものまで出てきて、経済にも政治にも影響を与えている状況です。この点について議論をしていきたいと思いますが、杉山さんはこのネットを含めたメディアの変遷、外交や安全保障などへの影響について、どのようにお考えですか。

発行部数の減少に焦ることはない

杉山　私はもともとＩＴが苦手で、役所で仕事をしていたときも最初はメールさえできなくて周りに迷惑をかけてやっと覚えたぐらいです。今でも新聞は紙でないと落ち着かないようなアナログ人間です。でも、若い人たちに教えてもらったおかげで、ネットで即座に情報を取り込めるようになりました。ネットは、自分が知りたいと思っていないことでも、今国際関係で何が起こっているか、ぱっとわかるので非常に便利だと思います。しかし、インターネットだとページをめくる感じがしないので、やはり実際に本屋に行ってみないと落ち着きません。でも、今の学生たちはそうでもないのかもしれません。

何が言いたいかといいますと、ニューヨーク・タイムズの発行部数は四〇万部ぐらい、ワシントンポストは三〇万部ぐらいです。それに対して、朝日新聞のようなクオリティペーパーが一〇〇万部というのは、そもそも普通のことではないのです。そう考えれば、部数が減ったからといって焦ることもないのではないでしょうか。経営者からすると焦らないといけないのかもしれませんが、本質的にはクオリティペーパーとかクオリティマガジン、クオリティメディアというのは、何千万部も売れるというものではありません。クオリティペーパーが多くの部数を持つというのは、そんなにないのではないかというのが、私の感じです。

ただ、民主社会で、例えば選挙とかそういうことになると話は違うでしょうね。民主国家で統治していくためには、ネット社会での統治の仕方、ネット社会での選挙の仕組み、ネット社会で国民がどう統治者を選んでいくかということについての問題は、考えないといけないと思います。

星　新谷さん、ネットを含めたメディアの最前線にいらっしゃるわけですが、この急激な変化をどのようにご覧になっていますか。

メディアは戦う勇気を持て

新谷　杉山さんがニューヨーク・タイムズの発行部数は大した数ではないとおっしゃっていましたが、実はニューヨーク・タイムズはデジタルにシフトしたことで、急速に部数を伸ばしました。経営的にも非常にうまくいっています。ニューヨーク・タイムズが急成長することができたのには、大きな理由が二つあります。

一つはトランプ政権において、反トランプの記事を前面に打ち出して、徹底的にトランプと戦ったことです。トランプ政権について、さまざまな調査報道をしました。ネットを駆使して、たとえばtwitter上で取材プロセスを公開しながら情報提供を求めることもしました。トランプと戦う気運を盛り上げて有料会員を増やしていきました。

メディアがインターネットで成功するために大事なことは、読者の参加意識だと思います。従来は、紙の新聞の宅配システムにみられるように、メディアと情報の受け手の関係は一方通行で、メディアが絶対的に有利だったわけです。メディアが国民に対して上から目線で「お前らに教えてやる、啓蒙だ」みたいなところがありました。しかし今は、ネットの上でつながって情報のやりとりをするというように、両者の関係は対等になっています。そうした関係性においては、メディアの報道姿勢に受け手が共感してメディアを応援する、という「共感」「応援」がキーワードだと思っています。そういう意味でニューヨーク・タイムズは成功しているわけです。

ニューヨーク・タイムズが急成長した理由のもう一つは、me too ですね。社会運動のような形で盛り上がっていくなかで、その気運に乗ってニューヨーク・タイムズは読者をどんどん増やしていきました。

本日は朝日新聞の関係者が二人もいらっしゃいますが、あえて申し上げますと、私が『週刊文春』の編集局長をやっていた頃に、黒川弘務高検前検事長の賭け麻雀事件を『週刊文春』でスクープしたことがありました［二〇二〇年五月二八日号］。当時、安倍政権では高検検事長だった黒川さんを、警察庁法を改正してまで検事総長にしようとしていました。その背景には、安倍さんや菅さんが、黒川さんに自分たちを守ってほしいから検事総長にするという疑念がありました。そのために法律まで変えようとしていた最中、コロナで緊急事態宣言が出ていた時に、渦中の黒川さんは賭け麻雀をしていました。賭け麻雀をやっていた相手が、朝日と産経の記者でした。朝日新聞からは「記者ではなく、元記者としてほしい」という抗議がありましたが。『週刊文春』が黒川さんの賭け麻雀を報じた結果、彼は検事総長になれませんでした。

『週刊文春』のスクープの後で、朝日新聞社が出していた『ジャーナリズム』という雑誌

（現在休刊）があるのですが、その編集長が私のところに取材に来たんです。「朝日新聞はどうすれば信頼を取り戻せると思いますか」と聞かれました。「そんなことを文春の編集局長に聞く？」と思いましたが、私はこう申し上げました。「渦中の黒川さんにあそこまで食い込んでいるというのは、ものすごく優秀な記者ですね、大したもんですよ。ただ、麻雀の場で聞いたことをなぜ書かなかったんですか」と。『ジャーナリズム』の編集長に、「新谷さんは自分の部下から、黒川さんとあのタイミングで『賭け麻雀をしていいか？』と聞かれたらどうしますか？」と聞かれたので、「もちろんＯＫですよ。一緒に麻雀をやりながら『本当に検事総長になりたいんですか？』とか根掘り葉掘り聞いて、それを翌週の週刊文春で『黒川高検検事長、独占告白』、麻雀をやりながら話を聞きました、そういう記事を出します」と答えました。

そんな記事を出したら、黒川さんと記者との人間関係は木っ端みじんになるでしょうけれども、我々のモットーは「親しき仲にもスキャンダル」ですから。人間関係の維持よりも読者に伝えるべきことを伝える、その目的を果たすために麻雀をするのは全然いいんじゃないんですかと言いたい。

私は、『ジャーナリズム』編集長にさらにこう言いました。「麻雀することよりもむしろ危惧するのは、『取材源との癒着だ、コンプライアンス上問題があるのではないか』と問題をすり替えることです。そういうことを言い出せば、我々の取材できる領域はますます狭まっていく。自分で自分の手足を縛ってしまうことになるのではないでしょうか。記者が賭け麻雀したことについては、そういう取材がなぜ必要なのかを読者に丁寧に説明して、その夜起こったこと、聞いたことを書けばいいじゃないですか」と申し上げました。さらに「朝日新聞社がデジタルも含めて今後成長していくためには、トランプ政権と戦ったニューヨーク・タイムズのように、安倍政権と徹底的に戦えばいいじゃないですか。社長直轄の政治部、社会部、経済部を含めた特命チーム、調査報道チームを立ち上げて、どんなに小さなことでもいいから取り上げて、わが社は安倍政権ととことん戦うんだという姿勢を示して、読者にもそう訴えて情報提供を求めていけば、一年経つと風景は大きく変わるんじゃないですか」と申し上げました。

要するに何を申し上げたいかといいますと、非常に大きな力を持っている相手にとって不都合な事実を伝えようと思えば、当然リスクは伴うし、コストもかかります。そうしたことを引き受ける覚悟を持って戦うか戦わないかということが、ますます問われています。それは紙だろうがデジタルだろうが同じです。

その点、石橋湛山は戦う勇気を持っていました。東洋経済新報で小日本主義を提唱していた頃は、他の帝国主義国家に追いつけ追い越せということで、日本は行け行けどんどんで台湾、朝鮮、満洲に進出していました。その最中に湛山は大きな流れに逆らって、小日本主義ということで、彼らに全部返せと言ったわけです。日本中の人から、ふざけるな、非国民だと言われるような主張を、言論統制で雑誌が出せなくなるようなリスクを引き受けながら続けていた勇気というのは、素晴らしいと思います。これこそ我々メディアが、改めて湛山に学ぶべき点ではないかと思います。

星　ついに、新谷砲が炸裂しました。この調子でお願いします。五十嵐さんはメディアについていかがですか。

ネット時代の報道のあり方

五十嵐　新谷さんがおっしゃったことについては、激しく賛同する部分と、ちょっと違うなと思う部分と両方ありました。

まずニューヨーク・タイムズについては、非常にリベラルな新聞で、「反トランプ」の主張をコア読者に訴えて部数を伸ばしたというのは全くその通りなのですが、そのやり方が日本の新聞が目指すべき方向なのかといったら、私はできればそういうことはやりたくないなと思っています。といいますのも、ニューヨーク・タイムズの反トランプの報道は確かに面白いかもしれませんが、その分、扱わないニュースが増えてきていて、何が起きているのかという全体像や客観的な事実がとらえにくくなりました。また、アジア報道、特に日本についての報道は偏向が目立ち、精度が高いとはとても言えません。ですから、日本のメディア報道をそうした方向に持っていくことには強い抵抗を覚えます。

従来のメディア、特に主要な伝統メディアである新聞報道が「上から目線」「一方通行」で、読者が共感や参加意識を持ちにくかった点は改善すべきだと思います。一方で、経営状況の悪化を背景に、ネットを中心に政治的な対立が目立つテーマをあえてとり上げ、一方を支持するグループを徹底的に叩くことで、コアな読者層をつなぎとめるという傾向が強まっています。実際の紙面でも、産経新聞が朝日新聞を激しく批判することがあります。結果的にメディア全体に対する不信を増幅することにつながりかねず、私はやはりそういう道はとるべきではないと思っています。

では、「ネット時代に新聞社はどうやって生き残るのか」といろいろなところで聞かれるのですが、それについて現場で取材をしている記者だけが考え、答えを出すことはなかなか難しいと思っています。一年前を振り返ると、ChatGPTをはじめとする生成ＡＩの話がこれほど話題になるとは、想像すらできなかったわけです。メディアを取り巻く環境が技術的にも日進月歩で変わるなかで、それに合わせて取材方法や書き方をいちから変えていくことは現実的ではありません。一時期、「ＰＶ至上主義」的な傾向が強まり、記者も「とにかくＰＶを稼がなくてはならない」というプレッシャーに晒されたわけですが、そうすると記事の本質とはかけ離れた派手な見出しが付いたりして、逆に信頼を損なうこともありました。詰まるところ、人々の耳目を瞬時に集めるような「面白い話」は、メディアが提供しなくともネット上に溢れているんですよね。そういう娯楽に近い方向にシリアスなメディアが走っていくことが生き残りの道かというと、私はそうではないだろうと考えます。現場で取材する記者をはじめとする編集サイドと、技術サイドが、「新聞を残したい」という思いを共有しながら、一緒に答えを探っていくしかないと思っています。

アメリカのメディアの話をしたので、中国のメディアについても少し触れます。最近、大学の中国研究のゼミには中国の留学生がとても多く、話をすると面白いんですよね。かれらは人民日報をはじめ中国の官製メディアをほとんど見ていません。「共産党が伝えたいことしか報じない」とわかっているのです。主に中国のＳＮＳアプリ「微信（ウィーチャット）」で気になるニュースをチェックしているといいます。「フェイクニュースとか、たくさんあるんじゃないの」と聞くと、「コメント欄を見ていれば、ある程度は判別できる」と言うのです。コメント欄で、どこの誰がどんな反応を書き込むか、続報や訂正情報が入るのかどうかなどを見て、判断しているのだそうです。中国当局はネット上の言論統制も強化しており、アカウントの閉鎖や情報の削除は日常茶飯事ですが、そんななかで中国の若い人たちは独自のリテラシーを身に着けているのかなと思いました。

一方で、中国共産党は最初に申し上げた通り、あらゆるメディアを指導下に置いていますから、党が周知すべきだと判断した「重要ニュース」はどのニュースサイトでも目立つ場所に配置されます。

日本では例えばYahoo!ニュースのトップページに主要ニュースとして表示される「Yahoo!トピックス」は、公共性や社会性なども勘案し、編集部のスタッフが選んでいます。中国のように当局がニュースの軽重を判断するのは論外ですが、ＡＩが数値化できる基準でニュースを選ぶのではなく、人によるニュース判断がやはり重要ではないかなと思います。どのメディアであっても、知るべき大事なニュースに接することが可能という意味で、日本ではまだ共通の議論の土台は失われていないと思います。

星　植木さんはメディアの問題と、メディアが国際政治などに与える影響について、いかがお考えですか。

AIがつくったフェイクニュースにどう対処するか

植木　メディアの問題には二つの視点があると思っています。

一つは、多くのメディアが自分の国の言語で発信するので、ナショナルなものだということです。例えば日本のいろいろな企業が海外に進出して国際競争をしていますが、メディアは言語というものに守られている。どうしても国内で通用する議論が主流になってくる。そうすると、国際的な視点や議論というものが制限されるというのが一点です。

インターネットやＡＩについてお話がありましたが、安全保障分野に関する最近の会議で必ずといっていいほど話題になるのは、ＡＩを使った攻撃に対してどのように守るかということです。フェイクニュースが蔓延してくる時、あるいは情報を遅らせたり誤った情報が伝わる時に、どのようにしてそれに備えるかということです。サイバー空間での守り方もそうです。外交についても安全保障についても特に危機の時は、国民の支持が重要になります。それに対して誤った情報が流される時、どう対処するのかということが議論になっています。

一方、ＡＩを使ってどれだけ効率よく戦えるかという議論もよくされます。どの程度ＡＩの技術を使えば、危機が起きた時、人間の判断を超えて効率よくそれに対応できるかということが議論されています。

政治の判断というのは時間がかかりますし、技術がいろいろ進歩してもその点はおそらく変わっていないと思うんですね。ただ、ＡＩによるフェイクニュースのようなものをどうやって排除していくか。国民や政府に対してサイバー攻撃が行われて情報が取れないような状況になった時にどうするかというのは、とても大きな問題だと思います。違ったニュースが流れてきて、どのニュースを信頼できるかと考えた時に、先ほど共感とか信頼性という話が出ていましたけれども、そうしたことがとても重要になってくると思います。

いろいろなニュースがあると思うのですが、国家の外交や安全保障に関わる情報にアクセスできる記者や専門家というのは、限られていると思います。その人たちが情報を集めて分析して世のなかに発信しない限り、多くの人間はそれを知ることができません。その点をきちんとやってくれるという信頼感――フェイクニュースが流れたとしてもあそこが書いているなら安心という信頼感――が、すごく重要になってきます。

一番言いたいのは、ほんの一握りの人間しか持っていないアクセスを自分たちが制限してしまうと、とてつもなく恐ろしいことになるということです。私の分野でも、仲間内の議論では「この政策はちょっと変だ、おかしい」と話をしていても、公にインタビューなどでその通り答えているのは私ぐらいしかいない、という時が時々あります。それでも私は、できるだけ公の言論空間で議論を提供するようにしています。

手に入れた情報をいつ書くか

五十嵐　すみません、一つ話し忘れたことがあります。今の植木先生のお話とも重なるのですが、我々の取材対象には政治家や官僚など、普通はなかなか接触できない人たちが含まれています。日本は民主主義国家ですからメディアが政権中枢にいる人々にアクセスして情報を集め、報じることが可能なわけです。では彼らから聞いた話をどこまで書くのかといえば、先ほど新谷さんがおっしゃったように、やはり前提は書くことだと思っています。例えば、総理と新聞記者が食事をすることには強い批判がありますよね。最初から食事に行かないという選択もあるとは思いますが、一方でオフレコ前提で話を聞かなければ知りえないことがあるのが現実です。そして、そうした場で聞いたことであっても書く、という前提で我々は仕事をしています。問題は、いつ書くのかというタイミングです。新谷さんの場合、翌週書くということでしたが、情報を得たらすぐ表に出す場合ばかりではなくて、「時が来たら出す」といった判断があるのは当然だと思うんです。

取材をする上では二種類の信頼が重要だと思っています。一つは取材対象者との信頼関係、もう一つは読者からの信頼です。これをどう両立させていくのか。そのためには、取材とアウトプットに少し時間差が生じてくるのかもしれません。私は——他の記者もそうだと思いますが——、オフレコ取材であっても、基本的に終わったら内容をメモにして残します。こんなことを言うと、だれもオフレコで突っ込んだ話をしてくれなくなってしまうかもしれませんが。すぐ書くわけではないけれども、場合によっては何年もためておいて、書ける環境に備える、というふうにやっています。

報道に携わる人たちに望むこと

杉山　今までの話をお聞きして、私から一言申し上げたいと思います。みなさんご存じの通り、私は二年数カ月前まで政府の職員をやっていました。ジャーナリズムとは敵対関係とは思いませんが、ターゲットだったと思うんですね。これから私が申し上げることは、そういう経験のもとで言っているということを踏まえて聞いていただきたいと思います。

私は政府の職員だった時に、先ほども言いましたように、外交というのは外務省がやるものであっても、官邸がやるものであっても、政府がやるものであっても、民主国家ですから最終的には国全体でいろいろなことを決めていくものだと確信していました。例えば、条約の締結は外務大臣がやることかもしれませんが、それは一つの象徴的なエンドロールでしかなく、最終的には国全体で決めなければいけません。国全体で決めるにあたって、担当者としては、例えば安全保障に関することとか、個人のプライバシーに関することとか、事柄の性格上開示できない情報があるということは申し上げなければなりません。そうでない情報は、可能な限り開示します。ただ、一億何千万人いる国民の皆さんに全部開示するのはなかなか難しいので、ジャーナリズムが国民に伝えていくということが大切になります。

役所で日々メディアと接する立場にある人は、何を考えているか、事実がどうであるかということを可能な限り開示して、「メディアの皆さんは、どう思いますか？」と問いかけます。ご批判も甘受します。ただ、批判をするのであれば、きちんと批判をしてください。批判するほうも個人的な攻撃ではなくて、国益というかジャスティスといったらいいのかわかりませんが、社会全体のことを考えるべきです。政治とか政府の職員が考えるのとは違う大義というのでしょうか、ジャーナリストの方々がご自分で考えられて、これこそが自分にとってのジャスティスだと考えておやりになると思うんですね。それを自由にやるのが民主国家であり、言論の自由の重要性だと思っています。だから、政府もできるだけ材料を提供して、そういう機会を作るべきです。食事をするのがいいのか、酒を飲むのがいいのか、夜回りで話すのがいいのかわかりませんが、あらゆる機会を使ってそういう接触の場面が増えるほうがいい。

実は政府のなかにいると大変なんです。「これはオフレコですから」と言っても、こちらの言ったことが録音されて、世に出てしまいますから。そんなこともわからない人は、役所の幹部になるべきではありません。世間にいつでも晒されているというのは、政府のなかで幹部の立場にいる人の宿命だと思います。メディアも報じるか報じないか、最終的な大義、ジャスティスを考えて判断してほしいです。オフレコの発言だから報道しないということではなく、全体のジャスティスのためには報道したほうがいいという場合もあると思います。私が現職だった時も、そういうメディアのジャスティスだと判断されたら、報道されるんだろうなと思っていました。報道されると対応しなければならなくなるので大変なのですが、そうした対応も大きな仕事であるという認識でなければいけない。取材をして情報を集めるほうも、そういうことを考えておやりになってほしい。結局、両方の努力が必要なのではないかと思っています。

メディア関係者が心得るべきこと

植木　少し付け加えたいと思います。朝日新聞を辞めて、大きく二つのことを感じました。先ほど情報へのアクセスということを言いましたが、メディアを離れると、情報へのアクセスだけでなく、中枢で実際に世界を動かしている人に質問できる権利がなくなりました。私がいくら疑問に思っても、直接答えを求める場面がなかなかないわけです。だから、テレビで記者会見を見ていると「なぜあのことを聞かないのだろう」と、いらいらすることがあります。

もう一つ感じたことは、メディアにいると言いたいことを発表する場所があるということです。以前は「紙面を埋めるために記事を書かなくては」などと思うことさえありましたが、メディアを離れると、いくら言いたいことがあってもなかなか言う場所がありません。

メディアは以上の二つが特に大事です。しかし、質問できる権利や場面があるからといって、聞いたことは何でも全部書くというのは違うと思います。大事なのは、質問をしたら答えが返ってくる場所にいるということの自覚と責任を忘れないことかなと思っています。

星　ありがとうございました。

きょうのシンポジウムは石橋湛山をテーマとしていますので、ここで湛山の話をしたいと思います。今日の会場である大隈記念講堂は、石橋湛山が総理大臣になって演説をした場所です。その日は非常に寒い日でした。湛山は大隈記念講堂の外で演説をしたために風邪をひき、それが原因となって二カ月そこそこで退陣してしまいます。そういう点でこの大隈記念講堂は因縁のある場所なのですが、湛山と同じ早稲田大学出身である岸田さんも明日ここで演説をするようです。

石橋湛山は言論人であると同時に政治家でもあり、総理大臣も務めました。今日の非常に難しい時代において、我々は国際的なリーダーとして、ゼレンスキー、プーチン、バイデン、トランプを目の当たりにしてきたわけですが、私は政治報道をし続けている人間として、やはり今の岸田さんにも、前任者の菅さんにも、安倍さんにもやや欠けているのは、つらいことでも国民に対してきちんと説明をするということだと思います。消費税の増税にしても、防衛費に関係する増税にしても、国民をきちんと説得して政治を進めていく器量といいますか、胆力といいますか、そうしたものが欠けているのではないかと思っています。そのあたりについて、より厳しく見ておられる新谷さんにお伺いできればと思います。

国が危うい時に求められるリーダー像

新谷　私も安倍さん、菅さん、岸田さんとお付き合いさせてもらっていますが、かつて小泉純一郎元総理は「自分はとにかく人気のある政権を目指す。人気があって長期にわたって安定した政権を目指す。だから、俺は三つのことは絶対やらない」と言っていました。その三つとは何かといいますと、一つめは、アメリカと喧嘩しないこと。アメリカと喧嘩して長く続いた政権はないから。二つめは、メディアと喧嘩しないこと。メディアと喧嘩して長く続いた政権はないから。三つ目は、消費税を上げない。消費税を上げて長く続いた政権はないから、議論はするけれど消費税は上げない、と明言していました。それを聞いて私は、リーダーとしていかがなものかと思いました。

同じ話を安倍さんにしたことがあります。そうしたら安倍さんは、「高い支持率という政治的資産を切り崩してでも、国民には飲まなければいけない薬、苦いけど効く薬を飲んでもらいます。消費税率のアップもそうだし、原発もそうです」と言いました。平和安全法制とか、特定秘密保護法案とか、そういう不人気な法案を通すたびに安倍内閣の支持率は下がりましたけれど、安倍さんはそれでも持ちこたえられるように、一方では株価を上げる景気対策を打って支持率を上げる努力もしました。ですから私は、安倍さんはリーダーとしてみれば小泉さんより立派だったと思います。

ただ誤解されると困ります。先ほどの黒川検事長の賭け麻雀の話の時に、『ジャーナリズム』の編集長に「朝日新聞社も安倍さんを叩けばいいじゃないですか」と言ったという話をしましたが、私は別に反安倍でも親安倍でもありません。朝日は読売とどう違うか、毎日とどう違うか、産経とどう違うかと考えたときに、トランプと戦って部数を伸ばしたニューヨーク・タイムズが参考になるのではないかと言ったまでです。

リーダーシップの話に戻しますと、小泉さんが言うように、人気のある長期政権を続けようと思うと、国民にとって耳触りの悪いこと、国民の懐が痛むことはやらないに越したことはないわけです。でもそういうことを続けていった結果、「失われた三〇年」につながったのではないか。これからは、リーダーにその資質を問うだけではなくて、国民一人一人の覚悟が問われています。国民自身がどういうリーダーを選ぶべきなのかを今まで以上に真剣に考えるべきなのです。

防衛費GDP比二%についても、中国、ロシア、北朝鮮に囲まれているんだからと増額には賛成しても、増税で防衛費を賄おうというとみんな反対するじゃないですか。それは虫が良すぎると思います。やはりそこで覚悟が問われるんです。日本国民が、この国を守るのであれば、自分たちの世代が増税を引き受けた上で防衛費を増やす、その日本国民の覚悟こそが中国や北朝鮮、ロシアに対する一番の抑止力になります。そういうことが問われる時代になってきていると思います。

私が『文藝春秋』の編集長になった二カ月後ぐらいに、財務省の事務次官だった矢野康治さんに論文を書いてもらいました［二〇二一年一一月号］。今までのような人気取りのばらまき政策をやっていたら、日本の国家財政は破綻する、という内容の論文でした。現職の事務次官がそうした論文を雑誌で発表することには、当然ながら大変なリスクがあります。矢野さんが事務次官になった時に食事をしながら、私が「矢野さんは、誰よりも正確に国家財政の危機的状況が分かっているのですから、それを国民に説明するべきじゃないですか」と言ったら、彼が「わかりました。やりましょう」ということで、あの論文が出たんです。

私が感動したのは、ゲラのやりとりの最中に、矢野さんが赤字で「やむにやまれぬ大和魂」という一文を挿入してきたんですね。矢野さんは山口県の下関の出身で、「やむにやまれぬ大和魂」というのは吉田松陰の有名な言葉です。矢野さんは、「自分がこの論文を文藝春秋に出したら、切腹を命じられるのかもしれない。あるいは打ち首になるかもしれない。しかし今の日本の状況はタイタニック号です、間違いなく氷山に向かって進んでいる。半年後か二年後か三年後かはわからないけれど、このまま進んでいけば必ず氷山に衝突してクラッシュする。それを見て見ぬふりをするのは、役人の道、吏道に反する」と言って覚悟を決めて警鐘を鳴らしました。

その結果、政治家はみんな怒りました。高市早苗さんや安倍さんも非常識だとすごく怒りました。私はそのタイミングで、矢野さんの話をしてくれということで、『ｎｅｗｓ23』のコメンテーターを引き受けました。番組で私は、「安倍さんは、矢野さんがやったことを非常識と言いました。確かに、官僚は基本的に政治家に政策を提言するものです。しかし今は非常事態じゃないですか。非常ベルが鳴りっ放しのような状況のなかで、時には官僚がメディアを通じて直接国民に訴えかけることがあってもいいと思いますよ」という主旨のことを申し上げました。

今日は杉山さんもいらっしゃいますが、外務省にも、この国が抱える外交上の課題について、文春に書きたいと言ってくれる方がいます。でも、トップのＯＫがなかなか出ないということで現実にならなくて残念です。官僚の方も、国家の中枢を担っている立場として、時にはメディアを通じてもっと国民に直接発信していただきたいと思っております。

【会場との質疑応答】

星　この種のシンポジウムでこれほどたくさんの質問をいただいたのは、私もあまり経験がありません。いくつか重複していることもあったりするので、こちらで整理して質問させていただきます。

杉山さんと植木さんに、米中関係について、日本が米中関係の仲介をする、日本の独立性を発揮して仲介をしていく余地はあるでしょうかという質問がいくつか来ています。まず杉山さん、いかがでしょうか。

日本はアメリカと異なる対中政策を

杉山　申し訳ありませんが、日本が米中を仲介するということはありません。日本にとっての同盟国はただ一国、米国だけです。アメリカの同盟国である日本は、アメリカと中国の間を仲介する立場にはありません。

しかしだからと言って、アメリカの対中政策と日本の対中政策が全く同一でなければならないということを意味しません。例えば、血の同盟と言われる米英同盟も、一九四九年一〇月一日に中華人民共和国政府が樹立されて蒋介石が台湾に逃げたあと、アメリカは台湾と国交を続ける一方、イギリス政府は一九五〇年一月六日だったと思いますが、北京の共産党政府を承認します。つまり、米英は一九七二年か七九年まで、アジア政策の非常に重要な一つの柱である対中政策において違う道を歩むんです。同盟国だからといって同じ政策をとるということではないのです。英国も日本と同様、同盟国はアメリカだけですが、対中政策は違う道を取りました。日本はそれと同じようなことを考えるべきだと思います。

特に日本の場合、中国に対して経済の話があります。経済については、この間のG７広島サミットで、デカップリングしないということを明確に打ち出したので、ワシントンと東京の間で考えの違いがすごくあるわけではありませんが、米中経済関係、日中経済関係は、量も中身も同じではないんですね。例えば、アメリカはトランプさんの時に二五％関税をやって、バイデンさんになったら変えるかと思ったら変えていません。しかし、日本が同じことをするとは考えられません。やはり日中経済関係は米中とは違う道を行って日本の経済的な利益をマキシマイズする、でも日米関係は毀損しないようにしなければならない、そんなところではないかと思います。

アジアを引っ張っていく役割が期待されている

植木　確かに、同盟国とそれ以外の国というのは全く違いますけれども、今、日本が考えないといけないのは、アジアをどうしていくのかというところだと思います。その点に責任を持って、アジアを引っ張っていく役割かなと思います。

アメリカは世界中を見ていますが、アジア情勢についての理解はどうなんだろうと思うことがあります。特に、米中の一番の最前線と両方が捉えている東南アジアにおいて、民主主義を御旗に進んでいくことについて、不安に思っている国々もあります。日本がアメリカのように民主主義を御旗に立てて中国と対立していくというのは、おそらく多くの国が違和感を覚えると思うんですね。中国側に立つという意味ではなくて、多くの国が望んでいるような形で、地域情勢を踏まえて日本が一緒になって中国に対峙していくというか、対面していく役割が果せると思います。米中間の仲介をするわけではありませんが、米中がお互いにわかり合っていないようなところ、うまく担えていないところを日本が補うということはできると思います。

経済については、先ほど中国に対する厳しい見方が二〇〇〇年代から出ているという話でしたが、やはり一番大きな違いは、アメリカの経済界が中国に対して、利益がない部分が多いという判断をしたのに対して、日本の経済界はそうは見ていないところです。そこのところをアメリカは「少し甘いのではないか、ナイーブではないか」と言っていますが、必ずしもそうではない形で進めていくことは可能で重要だと思っています。

星　ありがとうございました。会場には学生の方々もお見えになっていて、学生さんと思われる方々の質問がいくつかあります。新谷さんと五十嵐さんに、「ジャーナリストとして一番求められる資質は何でしょうか」という質問が来ています。いかがでしょうか。まず新谷さんから。

ジャーナリストに求められる資質

新谷　そもそもジャーナリストという言葉が苦手で、少なくとも自分はジャーナリストであるとは思っていなくて、一編集者だと思っています。ジャーナリズムとかジャーナリストというと、裃を着て偉そうな感じがあって、少し苦手です。

『文藝春秋』の編集者とか『週刊文春』の記者としてどんな資質が求められるかと言えば、三つあると思います。一つは愛嬌。一にも二にも愛嬌だと思います。二つ目は図々しさ、三つ目は真面目さ。一つ目の愛嬌ですが、愛嬌があってかわいがられること、懐に飛び込むことは何より大事です。私も、安倍さん、菅さんには本当にかわいがってもらいました。でもかわいがられるだけではだめで、二つ目の図々しさです。いかに図々しくネタを引っ張ってこられるかが問われます。「こんなことを言うと怒るだろう」とか「こんなことを聞いたら嫌われるだろう」ということは気にせずに、図々しくどんどん聞いてどんどん書くことが大事です。

最後の真面目さというのは、なぜこんなにやっきになってネタを追っかけているんだというところの根っこにある部分です。自分なりに、少しでもこの国が住みやすい国になってほしい、偉そうなことを言うのは週刊誌に合わないけれども何かしら世の中の役に立ちたい、あるいは「これを記事にしたら面白いな」という動機でもいいわけです。そういう何かしら自分なりのモチベーションのなかに真面目さがあれば、やはりそれは相手に伝わりますし、図々しくても嫌われません。もちろん相手から人間関係を切られることはありますよ。何回も切られますが、それでも復活することもあります。私も、菅さんから何回切られて、何回復活したかわかりません。

以上の三つは記者や編集者に限らず、あらゆる仕事に通じることだと思います。

星　最近日銀で、植田和男さんという非常に優秀な経済学者が総裁に就任しました。それから、氷見野良三さんという元金融庁長官、財務省のエリート、内田真一さんという日銀理事の切れ者が副総裁に就任しました。三人とも非常に頭がいいのですが、残念ながら政治とかメディアに対するアクセスが今ひとつ弱いんですね。「新しい執行部の三人に必要なのは、ＩＱよりも愛嬌だ」と言われることもあります。まさに、どこの世界でも愛嬌は必要なのかなという話でした。

五十嵐さん、ジャーナリストに求められる資質についていかがですか。

五十嵐　自分では愛嬌があるのかどうかちょっとわかりませんが、少なくとも図々しさと真面目さはあるかなと思って聞いておりました。

私も、自分はジャーナリストというよりも一新聞記者だなという感じがあります。新聞記者とジャーナリストはどう違うのかといわれると難しいですが、「新聞」への愛着が強いのかもしれません。それにしても、本当に新谷さんは見出しをつけるのがうまいですね。

私が大事だと思う資質は、やはり好奇心です。まず、これを知りたい、これが面白いと自分が思わなければ、何も始まりません。ですので、自分なりの感性がすごく重要かなと思います。そうした自己満足的な動機に突き動かされつつも、このことを誰かに教えたいとか、共有したいとか、そういう利他の精神、共感のようなものがないと続けられない仕事かなと思っています。

星　ありがとうございました。時間もなくなってきましたので、最後に一つ。「石橋湛山没後五〇年」という企画でもありますので、石橋湛山について言いますと、湛山の一番の神髄は、一人一人が自分の意見をきちんと持って、それを勇気をもって表明することが民主主義の基礎だと主張していたことだと思うのです。そういう点で、私は今の日本はもう少し一人一人がよくものを考えて、それを臆せずに表現していくことがやはり大事なことだと思うのです。今の民主主義のなかで必要な、一人一人が意見を持つこと、表明することについて、最後に一言ずつお考えをいただければと思います。

皆と違う意見を持つ大切さ

杉山　石橋湛山がそのように言われていることは本当に正しいと思います。早稲田大学で国際法の講義をするようになって、学部でも大学院でもそうですが、特に学部の受講生たちには、期末テストの時は何でも持ち込んでもらって結構、事実についてあなたがたの知識を問うことはしません、そうではなくてあなたの意見を書いてください、授業でもあなたの意見を言ってください、僕が設題を渡したらみんなで討論をしてください、そう言っています。ある時、講義で「この意見に賛成の人?」と学生たちに尋ねたら、大体みんなそっちに賛成するんですね。それで「反対意見の人?」と尋ねるとゼロだったんです。これは民主主義からすると、とても良くないことだと思います。全員が同じ意見ということはないわけですから。「私自身の意見はあるけれども、私の意見がどうかということではなくて、皆さんが違う意見を持っているということが民主主義では良しとされます。違う意見があれば、みんな

の前で堂々と説得してもらいたい。私と反対意見を言ったからといって、悪い評価をつけるということは全くしませんから」と言っています。

やはり人間ですから、僕と同じ意見だと「こいつはいい奴だ」と思うこともないわけではないけれども、どれだけ理論的に相手を説得することができるかというところが、学生に対する評価の最大の眼目です。ですから、試験のときに、どの判決がどうだとか、どの条約に何と書いてあるかということばかり書くのではなくて、それについてどう分析するかを言ってほしいというのが私の授業なのです。

偉そうなことを言いましたけれど、一〇〇人ぐらいの受講生がみんなで討論するということは、時間の関係でなかなかできません。でも、そういうことが大事だと思っています。私は退官したあと、母校に来てこういう機会を頂きました。今日も、皆さんの意見を聞きたいし、私の意見も申し上げたいと思って会場にきました。

自由にモノが言えることのありがたさ

新谷　皆さんとにかく、この日本という国で、自由にものが言えることのありがたさ、幸せに思い至るべきではないかと思います。湛山が生きた時代は不自由な時期も結構あったと思います。

私の中国取材の経験のなかで、非常に印象的なエピソードが二つあります。『週刊文春』のデスクだった頃ですが、日本の上海総領事館の電信官がハニートラップにかかりました。中国の公安部に現場を押さえられました。その電信官は国家機密である公電を中国にどんどん流していたのですが、「これ以上国を売ることはできません」と遺書を残して総領事館で自殺をしてしまいました［二〇〇四年五月六日］。隣にいる五十嵐さんの、読売新聞と争いながら『週刊文春』でスクープしたのですが、うちのスクープのあとに、中国の広報官の会見をテレビで見ていたら、「この記事はけしからん。なぜ日本政府はこのような記事を止められないんだ」と怒っているんですね。「止められるはずないだろう」と思って見ていましたが、逆に言えば中国なら簡単に止められるわけです。

もう一つのエピソードは、私が『文藝春秋』編集長になった最初の号［二〇一一年九月号］で、台湾の蔡英文総統にインタビューをしました。そうしたらすぐに、日本の中国大使館から抗議が来ました。「そもそも台湾は国ではないのに、この記事は台湾を国として認めている。けしからん、どう責任を取るんだ」というわけです。私は中国大使館に対して「わかりました。蔡英文総統のインタビューと同じだけのページ数を取りますから、習近平国家主席にもインタビューさせてください」と言ったら、それ以上何も言ってこなかった。

　今この国で、自由にものを考えて自由に発信できるということを、もっともっとありがたいものとして受け止めて、主体的・建設的な議論をしていってほしいと思います。まさに、「目覚めよ！日本」です。

メディアは自由に議論できる場をつくれ

五十嵐　石橋湛山のように言論人として、また政治家として軍部や米国に異を唱え、現実世界で闘い続けた方が、一方で「世界連邦」というような理想論を堂々と提唱し続けたことについて、改めて驚きを持って受け止めています。
　中国と違って、日本では自由にものが言えるはずなのに、同調圧力がものすごく強くて、人と違った意見を発言しにくい雰囲気を感じます。ネット空間には激しい言葉遣いがあふれ、イエスかノーしか選択肢がない。「こっち」と言ったらあっという間に「こっち」の側の人間というレッテルを貼られ、「あちら」側からの攻撃にさらされる。先ほどから繰り返しになりますけれども、やはりマスメディアは二極化の方向に走るのではなく、より広い別の場所を用意していくことにこそ意義があるのではないかと考えています。また、本日のフォーラムでの議論を通じて、マスメディアは現実の動きを追いかける取材ばかりでなく、少し先の「めざすべき日本の姿」について、もっと積極的に、自由に提言していくべきではないかと思いました。メディアが、「炎上」といった匿名の集団による個人攻撃にさらされないような安心できるプラットフォームとなり、率先して、自由な言論のきっかけを提起していくことも必要ではないかと感じました。

戦う勇気を持つ

植木　石橋湛山のことを振り返って本当にすごいなと思うのは、あれだけの戦前の状況にありながら流されずに違う意見を発信し続けたことと、それにも関わらず総理大臣にまでなれたということだと思うんですね。外にいて石を投げることはできますけれども、中にいて石を投げながらそこで上り詰めていくということはなかなかできない。それはすごいことだし、時流に流されずに少数意見を言ってもそこまでいけたわけです。私たち一人一人が発言する時にも、恐怖を感じたり、こういうことを言うとマイナスになるかなと考えた時に、湛山のことを思い起こすと少し勇気が出て戦えるかなと思います。

その石橋湛山をもってしても、今の世界をみたら何と言っただろうと考えます。リベラリズムとか、個人の自由を守るということをバイデンは言っていますし、アメリカも進めています。石橋湛山は、中国人の国に対する思い、主権に対する思いに対しても、ずっと強く共感して訴えている。石橋湛山が今の世界をみた時、一体何と言うだろうと考えますと、とても難しい状況だと言うのではないかなと思います。日本が大日本主義で走っているのを止めるのとまた違う複雑な状況ですから。

最初にも言いましたけれども、戦争は誰にとってもプラスではなくて、多大なコストがかかります。戦争が始まった時にはこういくと思っても当初の予想通りになった戦争というのは、ほぼありません。ウクライナ戦争もそうです。イラク戦争にしても数週間で終わると思われていたのが、アメリカは太平洋戦争よりも長い期間、中東にいなくてはならなかった。湛山はすごくリアリストでしたから、どういうことが起こるのかも分析して、それを訴えた。だからこそ、時流と反対の少数意見を言っても、人びとに聞かれたと思うんですね。先ほども言ったような戦争のコストを分析して、政府もそうですが、ジャーナリズム、研究者も一緒になって広く発信していく必要があると思います。

最後に言いたいこととして、やはり個人がそれぞれ自分の人生において幸せを追求していくことが大事だと思います。どうやったら幸せになれるかということを貪欲なまでに追求していくことが、結局は自由や平和ということにつながっていくのかなと思っています。

星　ありがとうございました。石橋湛山の生きた時代と今の状況、世界の動きは全く異なるわけですが、石橋湛山の思考の根っこにあった「一人一人がものをきちんと考えて臆せずに表明をしていく」という精神は、民主主義を強靱化していくために欠かせないものだと思います。

今日は議論が深まるまでには至らなかった点もあると思いますが、皆さんがこれからいろいろなことを考えるきっかけ、皆さんの今後の思考の糧になればと思います。長時間のご清聴をありがとうございました。

閉会挨拶

早稲田大学副総長　須賀　晃一

本日は石橋湛山没後五〇年記念シンポジウム、「日本のジャーナリズムに未来はあるか——米国と中国のはざまで」というタイトルのシンポジウムでございましたが、長時間ご参加いただき誠にありがとうございました。

コーディネートしていただきました星様、並びにパネリストとしてご参加いただきました杉山様、新谷様、五十嵐様、植木様、以上の方々には非常に熱心な議論をしていただいたことに対して感謝申し上げたいと思います。また最後までお付き合いいただきました参加者の皆様にも、改めて御礼を申し上げたいと思います。

長時間にわたり密度の濃いお話を聞かせていただきました。私は何時間持つかと心配しながら会場に参りましたけれども、一度も眠気に襲われることなく最後まで話を聞かせていただきました。とりわけ印象に残っているのは「目覚めよ!日本」「怒れ!日本」です。これは我々にとって忘れてはならない言葉だと思います。「学問の独立」という早稲田大学の理念とも共通しますが、個人が自由に意見を述べられる、そんな雰囲気をずっと伝えていくことが大学人としての使命だということを改めて感じた次第です。

これから先、ジャーナリズムを志す多くの学生が早稲田から出てくるでしょうが、今日のお話が一人でも多くの学生に何らかのメッセージを発信してくれることを期待したいと思います。

シンポジウムを振り返って

「早稲田人脈」フル活用——一人一人が考える社会へ

星　浩

二〇二三（令和五）年春、石橋湛山記念財団の石橋省三・代表理事から連絡をいただいた時は、面食らった。今年は湛山没後五〇年に当たり、記念のシンポジウムを開催したいので、モデレーターを務めてほしいという話だった。ジャーナリストで政治家でもあった湛山には関心があったが、二、三冊の著作を読んだことがある程度だった。湛山の研究者でもなく、一介の政治記者に過ぎない身としては、司会・進行役など簡単には務まらないと思ったからだ。

それでも、石橋氏と話を進めてみると、湛山の著作などの詳細を検討するのではなく、湛山の主張を介して今の世界を考える企画にしたいとの提案だった。自由主義者だった湛山も、自分の著作を唱えるのではなく、批判も交えて時代状況に合わせて議論してほしいと考えるに違いないという。それならば、少しはお役に立てるかもしれないと考え直して、シンポジウムの内容の検討やパネリストの人選に加わらせていただいた。

人選にあたって役立ったのは、やはり「早稲田人脈」だった。湛山の母校であり、今回のシンポジウムの共催者である「早稲田」をたどっていくと、まず、浮かんだのが杉山晋輔・前駐米大使だ。早稲田大学出身の外交官で、外務省アジア局長、外務審議官、事務次官を歴任。駐米大使として、当時のトランプ大統領の米国政府と向き合った。国際情勢の分析力には定評があり、ジャーナリストとの交流も豊富だ。

私は朝日新聞の政治記者として外務省を担当した時、課長補佐だった杉山氏を取材して以来、三〇年来の付き合いである。杉山氏が在韓国大使館の公使だった時には、ソウルの街で飲み明かしたこともある。「ダメ元」で連絡してみると、「早稲田のためなら」と快諾してくれた。

杉山氏とともに頭に浮かんだのが、月刊『文藝春秋』の新谷学編集長。早稲田大学出身だ。『週刊文春』では辣腕編集長として鳴らし、多くの政治家や官僚らに「文春砲」を放った。『文藝春秋』ではロシア・ウクライナ戦争をはじめ米中対立などをめぐって好企画を連発している。最先端のジャーナリスト・編集者は湛山没後五〇年の現代をどうとらえているのか、ぜひとも聞いてみたいところだ。新谷さんも「早稲田の企画なら」と、受けてくれた。

『文藝春秋』編集長が来るなら、ライバルの『中央公論』に声をかけてみようと考えた。『中央公論』の五十嵐文編集長は、読売新聞政治部の記者だったころからの知人だ。自民党の加藤紘一氏が幹事長や政調会長だった時の担当記者で、「敏腕」で鳴らした。ワシントンと北京で特派員を務め、米中両国の事情に通じている。「湛山と米中関係」を議論するにはうってつけのジャーナリストだ。五十嵐さんからも「快諾」の返事が届いた。

そして、このシンポジウムにふさわしい学者を探した。足元の早稲田大学にいた。国際政治を専攻する早稲田大学の植木（川勝）千可子教授だ。植木さんはかつて、朝日新聞政治部の記者で、私も竹下登政権の首相官邸記者クラブで一緒に取材した仲間である。朝日新聞を退社した後、米国や中国で国際政治を研究。早稲田で教鞭をとっていた。私が少しばかり「先輩風」を吹かせて、シンポジウムへの参加を依頼したところ、快く了解してくれた。

以上の経過を経て「豪華パネリスト」が参集することになった。ただ、多忙な方々なので、シンポジウムの内容について詳細に打ち合わせをする時間は持てなかった。出たとこ勝負である。もっとも私は、四人とも手練れの人物なので、むしろ「ぶっつけ本番」の方がスリリングで面白そうだと楽観していた。

早稲田大学の事務局が会場の準備、受付などを完璧にこなしてくれて、三時間を超えるシンポジウムが始まった。モデレーターとして私は、①ウクライナでの戦争が続き、東アジアでは米中対立が激しくなっている、②日本は少子高齢化が進み、財政赤字も膨らんで、国力が低下している、③湛山の問題意識は米中の間で日本はどう生きるか、どうすれば経済を活性化できるかであり、その問題意識は今日にもつながる――などと口火を切って、議論を始めてもらった。

議論の入り口で役立ったのは植木教授のパワーポイントだった。

大学の授業さながらに、現代の世界が「トリプル（三重の）危機」ともいえる「大きな力の構造の変化」に見舞われていると解説してくれた。「米国の一極支配に中国が台頭している時期に、一〇〇年に一度ともいえる新型コロナウイルスの感染拡大があり、さらにロシアによるウクライナ侵攻が起きた。次は中国による台湾侵攻ではないかと世界が浮足立っている」「そのため、戦争が起きても大丈夫なように準備を進めようと、各国が軍備拡大、防衛費増額に動いている」という。そうした世界情勢を踏まえて、各国政府だけでなく、ジャーナリズムも含めて危機回避、平和構築のための「アイデアの市場づくり」が重要だと説いた。

「論客」が顔をそろえるこの種のシンポジウムでは、議論が百出してもかみ合わないことがしばしばある。その点、植木さんがパワーポイントで共通基盤を整えてくれたことで、議論が拡散しないで済んだと思う。持つべきものは優秀な後輩だと実感した。

杉山さんは日本外交を担った立場から、日本と米中両国、さらには米中両国間のやり取りについて詳細に解説してくれた。その上で、米国側から日本に対して「中国には二度と騙されない。自分たちはひどい目にあった。日本もそう思っているでしょう」といった本音を明かされたという。さらに、杉山さんからは米国に対して「あなたたちは中国とたかだか二〇〇年しか付き合いがないが、こっちは二〇〇〇年も付き合っているんだ。その間、悪いこともあったが、良いこともあった。付き合っている程度があなた方とは全然違うんだ」と本音をぶつけているという。

石橋湛山は、ジャーナリストとしても政治家としても、日本と中国との交流の歴史を重視していた。杉山さんにも、そうした対中認識が脈々と受け継がれていると実感した。

新谷さんは米中両国の狭間にいる日本の立ち位置について「もう少し複眼的にというか、米国から見た世界ではない見方をするべきだ」としたうえで、「米国は資源も食料もあって、恵まれた環境のなかで育まれてきた民主主義をヨーロッパや日本に押し付けて、自分たちと同じ価値観の下で中国やロシアと対峙しろというのは、すごい乱暴だと思う」「米国に対して『NO』ということを、石橋湛山に学ぶべきだと思う」と語った。週刊誌や総合雑誌の編集者として培ってきた独自の視点だと思う。

五十嵐さんは、北京で読売新聞の特派員として取材した経験を踏まえ、「中国は強くないと相手にしてもらえない」「安倍氏は首相として国政選挙に勝ち、日本国内で強い支持があったから、中国に日本と対話しようという気にさせた」と解説。ただ、今後は「中国に関与していけば、いつかは民主的になるだろうというのは非常に甘い考え方だと思う」「中国がろくでもないことをすれば大変なコストがかかることを分からせることが重要だ。それは難しいことだが、求められていることだ」とも述べた。

以上のような現状認識を踏まえて、日本はどうすべきか、そしてジャーナリズムの役割はどうか。議論をさらに進めた。

新谷さんは「日本は厄介だけれども大事な問題、本来は目を背けてはいけない問題をことごとく見て見ぬふりをして、立ち泳ぎをしてきた。その結果、時計の針は止まって、失われた三〇年になった」。そのうえで、財政やエネルギー、安全保障など賛否の分かれる問題について「お互いに遠くから石を投げ合うのではなく、まともな議論をしましょう。それが石橋湛山の精神だと思う」と力説した。

ジャーナリズムについては、自身の経験を踏まえて「大きな力を持っている相手にとって不都合な事実を伝えようと思えば当然、リスクは伴うし、コストもかかる。そうしたことを引き受ける覚悟を持って戦うか戦わないかということが問われている」と語った。

植木さんは、日本の役割について「東南アジアの人たちからよく言われるのは、日本に対する期待感だ。日本は安定剤になってほしい、アジアを引っ張ってほしいという期待感がある。日本は未来を見据えて発信することで影響力を維持できる」。さらに世論の在り方に触れて「納得いかないと思う政策があれば、怒り、議論を戦わせることが必要だ」。メディについては「外交や安全保障の情報にアクセスできる記者や専門家は限られている。その人たちが情報を集めて分析し、発信しない限り多くの人はそれを知ることができない。その点をきちんとやってくれるという信頼感が重要になってくる」と述べた。

この種の堅いテーマを扱うシンポジウムには珍しいほど会場からは多くの質問が寄せられた。すべてに応えることができなかったのは残念だが、質問のなかで「湛山の精神の神髄は一人一人が自分の考えを持ち、表明することだが、そのためにはどうすべきか」という趣旨のお尋ねがあった。杉山さんは、早稲田大学の国際法の講義でも、単に知識を問うことはせずに、「自分の意見」を述べるように求めているという。五十嵐さんは「日本は同調圧力が強くて発言しにくい雰囲気がある」「メディアにはいろいろな角度から提案して、いろいろなきっかけを作っていく力が問われている」と話した。

最後に私は「湛山の生きた時代と今の状況は全く異なるが、湛山の思考の根っこにあった『一人一人がものをきちんと考えて、臆せずに表明していく』という精神は民主主義を強靭化していくために欠かせない」「今日の議論が皆さんの考えるきっかけになればと思う」と締めくくった。雑駁になるかと思われた議論だが、パネリストたちのデータに基づいた意見と当意即妙の反応で、充実した内容になったと思う。パネリストと石橋湛山記念財団や早稲田大学の関係者に感謝したい。

石橋湛山没後五〇年記念シンポジウムに参加して

杉山　晋輔

久しぶりに旧知の星浩氏から電話を頂いた。曰く、〝この六月一七日に早稲田大学の大隈記念講堂で石橋湛山没後五〇周年記念シンポジウムを行うので、パネリストとして参加してくれないか〟というものであった。さらに聞けば、〝日本のジャーナリズムに未来はあるか――米国と中国のはざまで〟という演題のシンポジウムという。パネルの記録のなかでも私が述べている通り、私はつい最近まで政府のなかにいてジャーナリズムとのかかわりが無かったわけではないが、自身はジャーナリストではないし、そもそも石橋湛山元首相との接点も政府にいたことがあることと早稲田大学の出身者であることとくらいしかない。その人となりについての専門家でもない。だから、総理在任期間が短かったこと以外には、反骨の精神と性格の潔さで歴史に名を刻んでいることくらいしか知らない。それで、その時には、正直に言ってその私に何故、と思ったのは自然であった。

しかし、参加をお引き受けして議論を共に行ってみたら、それは杞憂であったと感じた。その理由は、こうである。

このシンポジウムは、演題は上記の通りであったが、実際に星浩氏の司会で始まってみると、司会のさばきが見事だったこともあって、議論はもっと自由、かつどちらかというとその副題にある〝米中のはざまで〟という議論に力点が置かれていた。だから、ジャーナリズムのあり方そのものについての議論というだけではなく、日本の対外関係のあり方やその関連でのジャーナリズム論も議論の的であった。長年外交官生活をしてきた筆者にとっては、こういうことであれば少しは議論に加われる。だから、シンポジウムに参加した後では、あまり違和感を感じない、否それどころか、かなりの充実感さえ感じることができた次第である。

このようなシンポジウム参加後の感想を述べた上で、ここでは、シンポジウムで発言した一つの点についてさらに掘り下げて述べておきたいことがあるので、それを記すことにしたい。それは日米同盟と日中関係を考える際に、同盟の本質とは何かを考えることが大切で、その際には英国の対中政策をよく眺めておく必要がある、という点である。

言うまでもなく、英米は〝血の同盟〟と言われる強い同盟関係にある。にもかかわらず、英米双方にとって対アジア政策の一つの重要な要素であったに違いない対中政策について、一九四九年から一九七二年までの間、英米は基本的に異なる政策をとった。それはそれなりに〝英米関係の危機〟と言われた状況も生んでいたとはいえ、大きな視点でみると根本的な同盟の亀裂は生じさせなかった。

中国では長く蒋介石の国民党と毛沢東の共産党との間の国共内戦が戦われ、その結果、毛沢東の共産党が一九四九年一〇月一日に北京で中華人民共和国の樹立を宣言し、蒋介石の国民党は台湾に逃れて中華民国は台北に移った。

その一九五〇年一月六日である。北京政府樹立宣言直後の一九四九年一一月一日に米国国務省に伝えてあった通り、英国のアトレー内閣は北京の中華人民共和国政府を政府承認（英国政府の閣議決定は一九四九年一二月一五日）して外交関係を結ぶ。米国のトルーマン大統領は当時の強い反共政策もあって北京を政府承認せず、台湾に行った蒋介石政権との外交関係を継続した。つまり、〝血の同盟〟英米は、対中政策で根本的に異なる措置をとったのである。

これにはいくつかの背景があると言われる。英国では極めて親米的だった保守党のチャーチル内閣への対抗を表明した労働党のアトレー内閣が成立していた。その外相だったベビンが反共主義だったにもかかわらず対米自主外交を志向した、という点も言われる。それより、九九年間の租借地だった香港の権益を守ろうとしたという点は、間違いない要素であった。つまり、実質的に中国本土を制圧した北京の共産党政権と話をしないと英国の香港権益は守れない、という判断である。

対する米国は、民主党のロウズベルトから引き継いで大統領になったトルーマン政権であった。その国務長官ディーン・アチソンは、反共の旗頭。そして、当時の米国での東アジア政策を主導したのはのちに国務長官になるディーン・ラスクであった（対ソ封じ込めで有名なジョージ・ケナンは、アチソンの前のジョージ・マーシャル国務長官時代に初代の国務省政策企画本部長になっているから、アメリカの国内事情もそれ程単純ではない。ここでは英米の対中政策に焦点をあてているので、これらの点についてはこれ以上詳述しない）。どちらにせよ、米国内はソ連を盟主とする共産陣営がドミノのように世界を席巻する恐れに対抗しなければならない、との思いが全体的に大変強かったことがここでのポイントである。

これが、英米それぞれの外交政策にかかわる国内事情の概観である。外交は内政の延長とも言われるから、このような国内事情は大雑把なところだけでも知っておく必要はあろう。それでも、外交政策の決定は内政事情の考慮だけで行われるわけではない。そこはやはり、国益をかけた外交上の高度な政治判断がある。当時の中国は混乱の最中にあり、今の中国のように国際関係においてまず第一に考えなければならない存在とまではいかなかったとはいえ、人口八億人の大国である。その中国に対する政策を異にするというのは、取るに足らない些細な問題ではあり得なかったと思われる。

ただ、英国のアトレー内閣も一九五〇年一月六日に北京政府の承認に踏み切ったとはいえ、台湾の政府との関係にも一定の意を用いていた。英国は北京にはフルの特命全権大使を送らずに、臨時代理大使のレベルにとどめていた。台湾の政府との関係は正式の外交関係ではなかったが、領事事務は公に行っていた、という。これでは、〝一つの中国、一つの台湾〟ではないか、といいたくもなる。英国外務省も、北京の政府との関係は〝ハーフディプロマティック〟な関係と説明していた。国際法上の政府承認制度に関わる論点とともに、いくら過去の経緯とはいえ、対中政策の根本に触れる問題もありそうである。

英国の対中関係が〝フル〟の関係に格上げされるのは、一九七二年三月一三日になってからである。この日に英国と中国は完全な特命全権大使を交換するに至る。明らかにこれは、一九七二年二月二一日―二八日のニクソン米国大統領訪中の結果として起こったことである。さらにいえば、米国が北京政府を正式に承認して外交関係を樹立したのは、一九七九（昭和五四）年一月一日の米中共同声明発出時、鄧小平指導者の訪米でジミー・カーター大統領との会談の時となった。だから、それ以降、今では英米の対中政策の根本的枠組みに差異はない（ちなみに、日本の対中政策や台湾との関係もこれとの関連で見ておく必要があるが、ここでは紙面の都合で記述しない）。

以上が英国の対中関係と英米関係の事実関係についての概略である。では、ここから引き出せる〝同盟の本質〟とは、何か。

そもそも〝同盟〟とは、何だろう。それは、共に命をかけても守ること、である。では、共に守るとは、何を守るのだろう。まずは、国土であり国民の生命である。けれど、その元にあるのは、単なる利害、損得だけではない、何かの〝理念〟〝考え方〟〝皆が生きていく上での基本原則〟のようなもの、ではないか。それを〝共に守る〟ことが、〝同盟〟であり〝同盟の本質〟ではあるまいか。

となると、英米の対中政策の違いは、この〝同盟の本質〟に触れる、あるいはそれを根本から毀損するものではなかった、ということがいえるのかもしれない。もう少し実務的にみても、英米同盟の基本はNATO条約である。その第5条は、NATO加盟国の誰かに武力攻撃が行われた時は他の加盟国は自らが武力攻撃をされていなくても兵力動員を含めてその国を助けることを規定している。これが英米同盟の出発点である。もとより、何故そのようなことをするかといえば、それは英米ともに守るべき共通の価値がある、民主主義とか言論、思想信条の自由、そして自由な市場経済といったもの、これを守る、これこそ英米同盟の〝本質〟であろう。このような価値観を共有しない北京の共産党政府と正式の外交関係を結ぶかどうかは、確かに同盟の〝本質〟に〝迫る〟問題かもしれない。しかし、同盟の〝本質〟そのものではない、と言い得る。共通の価値観と対峙する政府との外交関係を設定することだけでは、共通の価値観を共に守る約束を反故にすることまでは意味しないからである。英米はそれを行ったに過ぎないとみれば、この対中政策の違いは、英米同盟の根幹を毀損するまでには至らないと言えるのである。逆に、取るに足らない些細なことではない重要課題について異なる政策を取る時には、同盟の根幹は毀損しない努力が特に求められることも意味するのだろう。

だから、〝血の同盟〟英米関係における対中政策の違いは、同盟のあり方について、大変貴重な示唆を与えていると思われる。

ここまでくれば、このシンポジウムの議論との関係で筆者が言いたいことがお分かり頂けると思う。

日米同盟は、英米同盟のような〝血の同盟〟ではない。それどころか、もとは敵として戦った相手である。在日米軍は、戦勝国の占領軍から安保条約に基づく駐留軍に転換した部隊である。にもかかわらず、日米安保体制は一九六〇（昭和三五）年の改定も経てこの七〇年余りの長きに亘って日米同盟を安定的に深化させ、その同盟は今や英米同盟に匹敵する強固なものとなっている。これこそ、二〇一六（平成二八）年一二月二七日にハワイで安倍総理とオバマ大統領の間で行われた日米首脳会談において、〝和解の力（power of reconciliation）〟として高く謳われたものである。

日米同盟がそれほど強固なものであればあるほど、〝同盟の本質〟を毀損しない範囲で日本は米国とは異なる政策を取ることができるし、また、そうすることこそ健全な同盟体制のマネジメントに必要なことである、と言うべきものである。このことは、英国の対中政策の推移から読み取れる大事な教訓ではあるまいか。そこには英国の外交政策の知恵、wisdom が示されてはいまいか。

話を最初に戻そう。シンポジウムのなかでも筆者が強調している通り、米国の同盟国である日本にとって、〝米中のはざまに立つ〟ということは、あり得ない。中国は極めて重要な隣国ではあっても、米国のような同盟国ではない。〝同盟の裏切り〟は、〝同盟の本質〟に触れる。しかし、そのことは、全ての政策において日本が米国と全く同一の、identical な政策を取ることを、意味しない。繰り返す。〝同盟の本質〟に触れない範囲で、“agree to disagree” をする事は、むしろ同盟にとって健全なことである。

そうなると、英国の対中政策の推移にみられるような、日本独自の対中政策とは何だろう。サンフランシスコ平和条約締結前に当時の吉田茂総理が取ろうとして、ダレスに止められた対中政策。日本はその時まだ独立を達成していなかった。吉田総理がその意に反して日華平和条約締結に踏み切ったその時と今とは、状況が全く違う。米国も唯一の超大国の地位はまだ維持しながらも、その相対的立場は大きく変わりつつある。その米国の同盟国日本も、少子高齢化、人口減少、財政赤字などを抱えて、国家としては力の減少局面に入っていることは間違いない。でも、日本にはこれまで蓄えてきた国際社会での信頼がある。何につけ丁寧に事を運ぶ、約束は守る、時間も守る、やむを得ない場合を除き決して武器は取らない、など。この日本が、新たな国際秩序の構築に当たって、より積極的なソートリーダーとしての役割を果たすことは、実は力が衰えてきた同盟国、米国も望んでいることではないか。そこで、日本ならではの対中政策とは何か。

中国も最近になって人口減少局面に入ったという。財政はまだ余力があるかも知れないが、近く赤字に転じるかも知れない。コロナのような感染症対策もある。環境、気候変動は待ったなしの重要課題。尖閣、台湾有事などでは中国にはっきりと言わなければならない点がある。と同時に、対話して協力する分野も多いのではないか。対中政策は、対立か対話かの二者択一ではあるまい。そして、人口二五〇〇万人というかなりの規模の経済、民主主義体制を持つ台湾の重要性もまた、言うを待たないことと考える。

〝日米同盟の本質〟に触れない範囲で、日本ならではの対中政策を更に模索すべき時に来ている。米国も実はこれを期待している。この点こそ、今回のシンポジウムに参加したあとの感想に引き続いて筆者が強調したい論点である。そして、だからこそ、ではどのように更なる対中政策を模索すべきかについての建設的な議論が一層行われることを強く期待していることを述べて、本稿を終えることにしたい。

今こそ真っ当な議論を！

新谷　学

シンポジウムの感想としてまず申し上げたいのは、母校早稲田大学の大隈記念講堂の舞台に立って話をする機会をいただき、大変光栄だったということである。

参加に当たって、石橋湛山についていろいろ調べたが、調べれば調べるほど、本当に早稲田らしい人物だと感じた。また、彼の政治家としての面だけでなく、言論人としての面にも強くひかれた。ジャーナリストも政治家も、いずれも言葉が命の仕事である。湛山は言葉が最大の武器である仕事に生涯をかけ、自分の言葉を何より大事にした人だと思う。

早稲田らしさとは在野の精神、つまり、軸足を体制側、権力側ではなく、市井の人々の側に置き、長いものに巻かれない、言うべきことは言う、安易に迎合しない、意味もなくつるまないことだと思う。つるまないといっても他者と敵対するわけではなく、独立自尊、個々の個性、言い分を尊重する。湛山はまさにそうした早稲田らしさを体現する人物であり、その生き方から学ぶべきところは大きいと思った。

今、日本人はいかに生きるべきか

世界は今、パンデミックやウクライナ戦争など非常に混沌とした状況にある。そのなかで日本はどの方向に進んでいくべきか、日本人一人ひとりはいかに生きるべきかが、改めて問われている。

私は『文藝春秋』の編集長に着任して以降、日本人はいかに生きるべきか、日本という国はいかなる道を進むべきかについて、自分たちなりの指針を具体的に示していくことが大切だと考えてきた。

今、リベラルや保守という言葉が形骸化して薄っぺらくなっている。また、ネトウヨやパヨクと呼ばれる人たちが誹謗中傷しあい、まともな議論がなされない時代状況がある。そんななかで改めて石橋湛山の言動をふりかえるとき、本当の意味でのリベラルとはこういうことだと思う。湛山は、力こそ正義、強い国が弱い国を植民地化することが良しとされる帝国主義的な考えが世界の潮流になっている時代に、「日本は、台湾も朝鮮も満洲も放棄しろ」という小日本主義を主張した。当時の状況からみて非常に勇気ある主張であり、改めて大きな感銘を受ける。

現在は、異論や反論がしづらい時代である。大勢の意見に異を唱えたり抗ったりすると、ネットですぐに炎上する。大きな一つの流れに沿うように強いる力が働き、マスコミも独自報道ができなくなってきている。例えば、世間を騒がせているジャニーズ事務所の問題である。『週刊文春』だけがこの問題について事実を報じ続けてきた。ＢＢＣが特別番組を制作し、被害者が外国特派員協会で会見をしたことで、ようやく新聞、テレビなどの日本の大手メディアも動き始め、今や雪崩を打ったようにジャニーズ事務所を批判している。ジャニーズについては、報じることより報じないことの方がリスクとなっているのだ。私は安全地帯から正論をぶって水に落ちた犬を叩くような行為は大嫌いである。

かつて、全く同じようなことがあった。『文藝春秋』が報じた田中角栄の金脈研究である。文春OBでもあるジャーナリストの立花隆さんの調査報道について日本のメディアは当初黙殺したが、外国特派員協会で田中角栄首相（当時）が記者会見をした時、海外のプレスが文春の記事をとり上げて質問した。田中首相はしどろもどろになり、その様子を海外のメディアが報じ、それを逆輸入する形で日本のメディアもようやく報じた。いわば外圧によって流れが変わるという、まったく同じことが繰り返されているわけである。日本のジャーナリズムは石橋湛山のように、流れに逆らってでも書くべきことは書く、言うべきことは言うという精神を取り戻さなければならないのではないか。

『週刊文春』がその精神を発揮した最近の例として、木原誠二官房副長官の奥さんが参考人として事情聴取を受けた事件についての一連の報道が挙げられる。これに対し木原官房副長官は、「強制捜査の事実も、事情聴取を受けた事実もなく、完全に事実無根である。文藝春秋を刑事告訴する。ほかのメディアは文春の記事を報じないように」と、司法記者クラブを通じて強い申し入れをしている。木原官房副長官の奥さんが実際に事件に関わったかどうかは別にしても、彼女が参考人聴取を受けたことは紛れもない事実である。しかし他のメディアは権力の中枢にいる人物が明らかな嘘をついているにもかかわらず、この事件についてほとんど触れようとせずに、高みの見物を決めこんでいる。これが今の日本のメディアの現実である。

そうした状況のなかで、改めて石橋湛山が残した足跡をふりかえると、よくぞあの状況で、究極の逆張りともいえる小日本主義を唱えたと思う。岸政権になった後も、訪中して日中米ソ平和同盟構想を提唱するなど一貫して筋の通った主張をし続けた。リーダーにとって大切なのは、言動一致である。口先では立派なことを言っても、いざ実行となるとリスクを避けようとする政治家が少なくない。保守派が実権を握る岸政権下で、親中派というレッテルを貼られることは大きなリスクだったにもかかわらず、湛山は堂々と訪中したわけである。

繰り返すが、政治家、言論人、リーダーにとっての最大の武器は、言葉である。常日頃から自分の言葉を重くする努力をしなければならない。あの人に言われたら従わなければならない、と受け止められることが大切なのだ。そのためには、日頃から言行一致を積み重ねていくしかない。湛山はそれが見事にできていた人だと思う。

リアリストであるということ

湛山に学ぶべき点としてはほかにも、ゴリゴリの原理主義者ではないところが挙げられる。イデオロギーに縛られることなく現実に即して判断していく、そうしたリアリストとしての一面は、実に早稲田らしいと思う。シンポジウムでも話したが、早稲田の校歌にある「現世を忘れぬ　久遠の理想」という早稲田精神を体現している。

リアリストであることは、政治家やリーダーに必要とされる極めて大切な資質である。現世、つまり世の中は刻一刻と変化しているにもかかわらず、自分の思想、信条、主義、理念、いわば理想に縛られていると判断を誤ることがある。状況に即して、変えるべきところは変えていかなければならない。

例えば、「日本には憲法九条や非核三原則があったからこそ、これまで平和だった」と主張する人たちがいるが、本当にそうだろうか。日本は中国、ロシア、北朝鮮という核兵器を保有しており、権威主義的なリーダーが統治する国々に囲まれている。そのような国々に対し、日本の非核三原則や憲法九条を盾にして、「日本は平和を愛する国だから、攻撃しないでください」といって通じるだろうか。そもそも安全保障とは、話が通じない相手とどう向き合うかが根本にある。日本では、そうした国々にどう対峙していくかというリアルな議論がなかなか深まらない。

その点、石橋湛山は平和主義者である一方、平和へのアプローチに柔軟性があった。「中国やソ連とベタベタ仲良くする必要はないが、ある程度話ができる環境を作っていくことが大事だ」と、現実に即した形で平和を求めていた。

ウクライナ戦争が始まった時、安倍晋三元首相に対して、「安倍外交はプーチンを甘やかしただけだ」という批判があった。私は安倍氏の礼賛者では全くないが、外交において大切なことは、相手国にとって決定的な敵にならないことである。安倍元首相は北方領土を取り戻すことはできなかったが、結果的にロシアと友好的な距離をキープしつづけていたと思う。安倍氏は岸氏の孫ではあるが、リアリストとしての一面があり、それは案外、石橋湛山が目指した現実に即した対外関係という考えに通じるのではないか。実際、安倍氏がいたことで、日本とロシアはずっと緊張関係にならずに済んでいた。しかし彼が亡くなった後、岸田政権はアメリカに従属する形でロシアに制裁を課し、今や日本はロシアから敵国認定されるところまで両国の関係は悪化している。時にはアメリカ相手にも堂々と異を唱えるという、湛山のような真の独立国としての外交・安全保障のあり方が今一度、見直されるべきである。

若い世代に伝えたいこと

今回のシンポジウムでは学生たちの姿も多くみられた。そうした若い世代に伝えたいことがある。世代論は好きではないが、あえていえば、今の若い人たちの特徴として、他人の評価を気にしたり、叱られたりすることを恐れる傾向が強いと思う。仕事においても「どういう手順で進めればいいのか」と、細かいマニュアルを求める。

だが現実には、どんな仕事でも万能のマニュアルなどないのである。未経験の新人による初めてのトライは失敗するのが当たり前。失敗を恐れるあまり慎重になりすぎると、自分の本当の資質や、自分が本当にやりたいことになかなか出会えない。「こういうことをやりたいと思ってやったが、いくらやってもうまくいかない」なら、本当は向いてないのかもしれない。逆に「本来やりたいと思っていなかったことだけれども、やってみたら意外と面白かった」ということもある。そうした経験を通じて、自分の本当の資質や向き・不向きがわかるようになってくる。予断や先入観を持つことなく、目の前の仕事や学問にがむしゃらに向き合うことが大事なのだ。

とりわけ大切なのは、自分のなかに物差しを持つことである。今の若い人に特徴的なのは、他人の物差しで測ってもらおうとすることである。承認されたい、褒められたいというのは、他人の尺度によってジャッジされることを意味する。他人に合わせようと思いながら生きていると疲れるし、自分の良さに気づけない。そして、何よりも楽しくない。まずは自分が面白いと思うこと、やりたいと思うことをがむしゃらに突きつめていく。それで失敗しても許されるのが、若さの特権である。

また、仕事を前に進めていく上で大切なものは何かと言ったら、やはり一人の人間としての力に行き着く。どんな仕事でも人間と人間との信頼関係が必須である以上は、最後はそこが問われてくる。私が『週刊文春』の若手記者だった頃は、毎週のように地方の事件取材を担当した。事件があった周辺の家を朝から晩まで一軒一軒訪問して聞き込みをしていると、「ちょっと上がりなさいよ」と親切にしてくれる人がいたり、「あそこに住んでいる誰々さんは詳しいよ」と教えてくれたり、「ちょっと遠いから」と自転車を貸してもらったこともある。そういう人情の機微に触れながら、どうすれば相手の口を開かせ、事件の核心に迫れるのか、自分の頭で考え、自分の足を使って仕事の進め方を覚えていく。それが一人の人間としての力につながっていくのだと思う。これは、あらゆる仕事に通じる。

メディアに求められているもの

今ほどさまざまな問題に関して国民的な議論が求められている時代はない。それにもかかわらず、表層的な議論しかされていない現状がある。

例えば、マイナンバーカードの問題について、メディアが「マイナンバーカードに関する政府の個人情報の管理はずさん過ぎる」と報じ続けた結果、マイナンバー制度に対する国民の信頼は揺らいでいる。

確かに、政府や自治体の個人情報管理がお粗末なのは事実であり、現状の制度が必ずしも万全でないのは確かだろう。しかし、欧米諸国はもとより、中国、インド、韓国と比べても日本のＤＸは極端に遅れており、日本が経済成長できない要因の一つになっている。国民生活の利便性を考えても、国民ＩＤの推進自体は一刻も早く進めなければならないにもかかわらず、ネガティブな部分だけが強調されて、マイナンバーカードはやめたほうがいいという世論が広がりつつある。

しかし、本当にそれでいいのだろうか。マイナンバーカードをやめたら、結果として国民は非常に大きな不利益を被るのではないだろうか。しかしそんな議論はほとんどされていない。今こそ現実を直視し、この国をどうするのかという真正面からの議論が必要なのだ。そのためには、メディアの果たす役割も大きい。この日本が少しでも住みやすい国になるために、早稲田の大先輩である石橋湛山の教えを胸に刻み、今後も文藝春秋としての役割を果たしていきたい。

ジャーナリズムをあきらめるのはまだ早い

五十嵐 文

ジャーナリスト出身の反骨の政治家、石橋湛山の名を冠したシンポジウムに参加する機会を得て、考えたことがあった。ジャーナリズムの衰退を食い止める秘策は見当たらないが、今あきらめてしまえば、日本や世界にとって取り返しのつかないことになる――。そんな思いを、私のような新聞記者出身者だけでなく、異なる立場からジャーナリズムに関わってこられた他の登壇者の意見や、会場の聴衆から寄せられた感想のなかに感じ取ることができたことは、大きな励みとなった。

程度の差こそあれ、報道や取材の自由が認められた社会では、ジャーナリズムの機能を意識するような機会は少ないかもしれない。その点、六月のシンポジウムからほどなくして中国で起きたことは、ジャーナリズムが機能不全に陥った世界でどんなことが起こり得るかを、極めて特異な形で世界に示したといえる。

中国外交の顔だった秦剛国務委員（副首相級）兼外相が二〇二三年六月末から消息不明となり、一か月後の七月二五日、理由を明らかにされないまま外相職を解任された。

外交部の記者会見では外国メディアの質問が相次いだが、報道官はまともに答えず、中国メディアが解任の事実以外の情報を報じることもない。解任直後には、外交部のウェブサイトから秦氏に関する一切の情報が抹消され、数日間は名前を検索しても「関連するデータは見つかりません」と表示された。

中国では要人が突然失踪し、後になって汚職などで失脚したことが判明することはこれまでに何度もあった。そうであっても、秦氏のケースを「中国ではよくあること」として受け止める気になれないのは、秦氏が国際的な立場にあったことに加え、個人的に接点があったからでもある。

秦氏は外交部報道官を長く勤め、国内外のメディア関係者の間でよく知られた存在だった。私が二〇一二（平成二四）年に読売新聞の特派員として北京に赴任し、外交部の定例記者会見で初めて質問したのも秦氏だった。中国語が下手で聞き取れない、と言わんばかりに顔をしかめて「もう一回どうぞ」と促し、壇上から中国の公式見解を読み上げる姿は強面そのものだったが、少人数の雑談の場になると、英国仕込みの洗練された物腰と愛嬌で人たらしの顔をのぞかせた。

どんな事情が背景にあるにせよ、世界と多くの接面でつながっていた人物が突然、社会から切り離され、あたかも最初から存在しなかったかのように扱われるのは異常である。そんな対応がまかり通るのは、中国共産党の一党支配だからであり、党がすべての自国メディアをコントロールしているからにほかならない。

中国政府の言論統制は外国メディアにも及び、中国取材をめぐる環境が急速に悪化していることは、シンポジウムでも触れた。それでも、外国メディアが報じることをあきらめたり、ためらったりするようでは、秦氏のケースにとどまらず、これからも多くの重大な事実が「なかった」ことにされ、闇に葬り去られるだろう。メディアが機能しない「ディストピア」の恐ろしさを認識すると同時に、自由な言論が封殺された空間で、外国メディアが報じ続けることの大切さを痛感させられた。

米国で広がる「ニュース砂漠」

中国では共産党独裁という政治体制によって、国民が重要な情報に接する機会が奪われている。では、民主主義陣営を率いてきた米国はどうかと言えば、資本主義や競争の論理によってメディアが淘汰され、中国とは事情は異なるにせよ、必要な情報を得られない人が同じように増えているという皮肉な現実がある。

国土が広大で地域差に富む米国では、全国紙と呼べる新聞はもともと多くはなく、地方紙が主力を占めてきた。その地方紙が経営破綻するなどして廃刊・休刊となり、ニュースの主要な供給源が絶たれた「ニュース砂漠」と呼ばれる地域が、広がりつつある。

米ノースカロライナ州立大学のリポートによると、米国では二〇〇四年には八八九一紙が発行されていたが、二〇二〇年には四分の一にあたる二一五五紙が廃刊し、六七三六紙にまで落ち込んだ。編集局の人員も七万一六四〇人から三万八二〇人と半減した。全米三一四三郡のうち、新聞がない、あるいは週刊紙が一紙しかない「ニュース砂漠」は約一八〇〇郡と半数を超えた。

「ニュース砂漠」の住民は、選挙で投票しない傾向にあるほか、貧困率が高く、教育水準が低いとのデータがある。情報格差が、民主主義の根幹を揺るがしている。

ニュースの流通や供給の「量」の減少に加え、「質」の変化も見逃せない。

社会と政治が深まるなかで、新聞を含む多くの米国メディアが「保守」か「リベラル」かの両極に分かれつつある。特に二〇一七年に大統領に就任したドナルド・トランプ氏が、自らに批判的な、主にリベラルなメディアとその報道を「フェイクニュース」と切り捨て、分断の傾向に拍車をかけた。トランプ氏の集会で支持者らが、後方で取材するメディア関係者に向かって罵詈雑言をぶつける映像には衝撃を受けた。二〇〇八年の大統領選を現地で取材したが、黒人初の大統領となった民主党のバラク・オバマ氏について保守系メディアが否定的に報じることはあっても、共和党支持者の怒りがリベラル系メディアに直接向かうことは考えられなかった。

ワシントン・ポスト紙記者によるウォーターゲート事件をめぐる特報をはじめ、米国のジャーナリズムは、日本など多くの国のジャーナリストの憧れであり、規範でもあった。政治や世論の分断を反映してメディアが二極化し、どちらか一方の立場を取るメディアを情報源とする人が増え、それが社会の分断をより加速させている悪循環はどこまで続くのか。米国にはなお、志が高く、尊敬すべきジャーナリストが活動している。推移を注視したい。

新聞の「価値」とは

翻って日本の状況はどうか。

ジャーナリズムの主軸を担ってきた新聞についていえば、米国と同様に、「新聞離れ」が止まらない。日本新聞協会によると、一般紙（スポーツ紙を除く）の総発行部数は二八六九万四九一五部。二〇〇二（平成一四）年は四七三九万二七部だったが、二〇一六（平成二八）年に四〇〇〇万部を割り込んで以降、年間二〇〇万部前後の減少が続き、二〇年前の六割にまで落ち込んだ。

記者数も二〇〇二年の二万八五一人（七六社）から二〇二二（令和四）年は一六五三一人（九〇社）に減っている。主要紙が売上減少を背景に希望退職を募り、かつて国会や首相官邸で同じ取材対象を追いかけていた同業他社の中堅・ベテラン記者の退職の知らせを聞くのは、さびしいことだ。「新聞の将来に希望が持てない」ことを理由に、入社から間もない若手が別の業界へと転職することも珍しくない。

「インターネットやスマートフォンの普及によって、新聞は読まれなくなった」という定説は、紙媒体としての新聞について言えば確かにその通りだろう。新聞各紙がネット対応や、紙に代わる安定した収益源を確保する必要に迫られているのは間違いない。

その時、忘れてはならないと強く思うのが、形を変えたとしても残すべき新聞社の「価値」とは何か、ということである。

新聞社には、経験を積んだ多くの記者や編集者がいる。短期的な費用対効果にとらわれず、地道に取材を続け、情報を収集する組織力と取材網がある。社内で幾重のチェックを経た情報が読者に届けられ、間違いがあれば訂正、修正される。こうした情報や経験の積み重ねが、膨大なアーカイブとして蓄積されている。

メディアに対する信頼度が総じて低下傾向にあるなかで、新聞への信頼が比較的高い水準を保っているのは、ほかに代替する機能が見当たらないからでもある。日本新聞協会の二〇二二年の調査でも、なお六割以上が「信頼できる」と回答している。新型コロナウィルスの感染者急増時や、ウクライナ戦争の開戦直後に、新聞各社のウェブサイトへのアクセスが集中したのも、危機に際して正しく信頼できる情報を欲した表れといえる。

にもかかわらず、新聞社側の経営悪化と共に、これまで大切にしてきた「価値」を見失ったかのような一部の動きが目につく。

減り続ける部数をつなぎとめようと、コア読者層に迎合し、「そうではない方」の立場を取る人やグループを徹底的に叩く。それによって、フェイクニュースまがいの極端な言説が横行し、客観性や寛容さが失われていく。残念だし、果たしてこれが日本の新聞が生き残るための道筋なのかと甚だ疑問でもある。

シンポジウムでも指摘したように、ニューヨーク・タイムズ紙が有料購読者（サブスクライバー）を増やしたのは、デジタル・トランスフォーメーション（DX）への取り組みに加え、「反トランプ」の論調を全面的に展開し、リベラル読者層に訴えかけたことと無縁ではない。

米国に比べ、党派による政治的な対立がそれほど顕在化していない日本において、メディアが率先して分断を煽ることには慎重でありたい。日本には全国紙が読売、朝日、毎日、産経、日本経済新聞の五紙がある。論調の違いはあるにせよ、どの新聞を選んでも、重要なニュースは基本的に網羅されてきた。こうした特性は「横並び」だと批判されることもあるが、だからといってコア読者に媚びるがための恣意的な報道によって「差別化」が進み、メディアどうしが健全な競争を越えて敵対するようになれば、ジャーナリズム全体の信頼が損なわれることになりかねず、より弊害が大きいのではないかと感じている。

湛山の戦いに学ぶ

とはいえ、新聞が「正しい報道」を心がけているだけでは影響力を失い、座して死を待つのと同然である。しかも、世界的なジャーナリズム衰退のスピードの速さを考えれば、残された時間はそれほど多くはないかもしれない。

希望があるとすれば、スマホ一つで誰もが情報を入手したり手軽に発信したりできるようになり、「新聞はなくなってもいい」と思っているような人でも、ニュースを取り巻く現状に必ずしも満足してはいないと思われることだ。

英国のロイタージャーナリズム研究所によると、アルゴリズムによって個人向けにニュースが選ばれた結果、「自分は重要な情報を見逃しているのではないか」「自分と異なる意見に触れる機会が減っているのではないか」といった懸念を持つ人が四八～四六％と高い水準にある。こうした人々がプロのジャーナリストの編集をより支持しているというわけでもないが、人々がアルゴリズムや極端な意見が増幅されるようなネットの特性に気づき、懸念や不満を抱いているというデータは着目に値する。

新聞社側でも、さまざまな試みが始まっている。その一つが、インターネット上の情報発信者を明示するデジタル技術「オリジネーター・プロファイル（ＯＰ）」の実用化をめざす取り組みで、読売新聞社を含む全ての全国紙やテレビ、広告などの二七法人が技術研究組合に加わった。ネット上には、取材によって裏付けが得られた記事と、閲覧数をかせぐために虚偽や過激な情報を盛り込んだ記事が混在している。ＯＰが普及すれば、これらの区別が容易になることが期待されるという。

石橋湛山は、今で言うところのフェイクニュースによって、公職を追放された。シンポジウム参加にあたって手にした日本経済新聞の『私の履歴書』によると、『東洋経済新報』に湛山が執筆した論文や記事の「一小部分を前後の関係を無視して抜き出し、つづり合わせたもの」が追放決定の資料に使われて軍国主義者扱いされ、「一つ一つ弁駁書を書き（略）提出したが、なんのたしにもならなかった」と悔しさをにじませている。

湛山は四年余の公職追放生活を経て政界に復帰し、首相となり、病気で引退した後も世間に媚びない言論を生涯続けた。湛山の没後から半世紀の節目にその精神に触れて、ジャーナリズムをあきらめるわけにはいかない。

「新しい戦前」にしないために

植木　千可子

共通認識を得られたこと

まずは、シンポジウムの登壇者に選ばれたことを光栄に思う。最初、朝日新聞の先輩である星さんから連絡をいただいたときは、石橋湛山の専門家ではない私でいいのかとも思ったが、以前から尊敬していた石橋湛山について勉強する良い機会だと考え、お引き受けした。竹下登内閣では私が総理番で、星さんは官房長官番だった。星さんは親しい尊敬する先輩なので引き受けたということもある。

杉山さんは元外交官で米国大使まで務められた方であるし、元読売新聞の五十嵐さん、文春の新谷さんと、皆さん立場は違うものの、いずれもジャーナリズム、国際関係に携わってきた方たちばかりだった。そのためシンポジウムの議論も深まり、状況認識を共有できたと思う。

例えば、国際情勢が流動化し、人工知能（AI）などを駆使したフェイクニュースが国際政治にも影響を及ぼすなか、これまで以上にジャーナリズムの役割が大事という点で共通認識を得られた。ジャーナリズムはもっとやれることがあるし、やらなければならないということを、お互いに確認しあえたと感じている。

同じことは、日本の役割についても言える。米中対立が激しくなるなか、日本の役割は重要だという認識はパネリスト全員が持っていた。日本はもっとやれることがあるのではないかということも、お互いに認識することができた。

議論を続けていく必要があること

しかし、米中のはざまにおける日本の役割という点については、「日本が同盟国であるアメリカと中国のはざまに立つことはありえない」という意見と、「日本はアメリカと違う視点で世界を見て、アメリカに対してもノーと言うべきだ」という意見に分かれた。この点について、もっと議論ができれば良かったと思う。

日本にとってアメリカは同盟国であり、ほかの国とは違う重要な国であることは論をまたない。アメリカと中国のどちらかを取るのかという問題設定は、意味をなさない。しかし国益の面からすると、アメリカも中国も日本にとって重要な国だ。日本に求められるのは、国益を最大化するには、どのような日米関係、日中関係が望ましいかを考えることだろう。

同盟は、あくまでも国益を確保するための手段の一つにすぎない。同盟の一義的な存在理由は、脅威に対抗することだ。同盟国の間で脅威が明確でない場合や、脅威の認識が一致していない場合には、同盟の機能は弱まる。そうなると、戦略目標を達成する道具として、同盟は充分な役割を果たさなくなる。

アメリカでは、潜在的な脅威となる、いわゆる敵国の研究が重視されているのに対して、日本ではこれまで同盟国の研究が重視されてきた。つまり外務省も防衛省も、アメリカがどのようなことを考えているのか、日本にどういうことを求めてくるかを分析することにエネルギーを費やしてきた。もちろん、安全保障上の利益と経済的利益の両方を考えると、日本がアメリカの動向を分析して理解することは重要である。しかし、同盟関係という見地から考えると、同盟国の思惑を分析することばかりに目がいき、共通の脅威に対してどのように対処していくかにエネルギーが割かれていないのは、奇異なことだ。日本にとって日米同盟は手段であるべきなのに、日米関係を良くすることが目標のようになっているところがある。

日本が考えなければならないのは、死活的な国益を守るために何をすべきかである。ここでいう「死活的」とは、それがなければ生きていけないほど重要なもの、重要な利益を指す。私たちが命を懸けてでも守りたいものは何なのか、武力衝突が起きた時に（言葉は激しいが）相手を殺してでも守りたいと思うほど大事なものは何かが問われている。防衛、そして軍事力行使には、他国民を殺す可能性があるということから目を背けてはならない。だからこそ、それでもなお、守るべきものは何なのかを私たちは考えなければならない。戦争は実に悲惨なもので、避けなくてはならないものだ。その一方で、戦う覚悟がなければ、抑止は成功しない。その上で、中国とどういう関係を樹立したいか、どのような世界であってほしいか、そのためには日米同盟をどう使うかを考えることが大事である。

従来、日本は経済も安全保障もアメリカに依存していた。しかし現在はアメリカだけでなく、中国とも経済的に依存している。冷戦時代は、日米中が協力してソ連に対抗していたので問題はなかったが、現在の状況は変わっている。だから、シンポジウムのテーマにもなった「米国と中国のはざま」という問題が出てきたわけである。アメリカはアジアとの関係だけでなく、カナダやメキシコといった北米、ヨーロッパとの関係もあって、日本とは事情が異なる。それに対して、日本にとって中国はずっと隣国であり続ける。中国とどのような関係を維持し、つくっていくかを、日本は独自で考えていかなければならない。中国と安定した経済・外交関係を維持することは、日本にとっても東アジア地域にとっても重要である。環太平洋パートナーシップ（ＴＰＰ）などの経済連携の仕組みを確立しながら、それに中国を取り込むことが望まれる。

敵基地攻撃能力について

日本も敵基地攻撃能力を持つべきだという議論が出てきたことには、恐らく二つの理由がある。

一つは、どの国も保有しているような反撃能力を、日本が制限されているのはおかしいという発想である。これは現状の問題を解決するというよりも、理念的、イデオロギー的な考えが根元にあるように思う。

もう一つは、日本の現在のミサイル防衛システムでは撃ち落とせないような、スピードが速くて軌道が予測しにくいタイプのミサイル開発が周辺国で進んでいることである。そもそもミサイル防衛というのは、飛んでくるミサイルを撃ち落とすわけであるから、非常に効率が悪い。ミサイル技術が高度化したことでさらに撃ち落としにくくなり、その対処策として敵基地攻撃能力の議論が出てきたのだと思う。

たしかに、周辺国でのミサイル技術の向上にどう対処するかは、考えなくてはならない問題である。しかし、敵の基地を攻撃するミサイルを何発か保有することが問題の解決になるかといえば、疑問である。敵基地の攻撃は紛争のエスカレーションを覚悟しなくてはならない。たとえば、台湾有事のように日本の侵略を目的としない紛争の場合、全面戦争へ発展することを避け局地紛争に留めることが重要になる。日本政府の発想では、ミサイルで反撃される可能性があれば相手国は攻撃を迷うだろうから、日本にとって抑止になるという。たしかに、反撃するミサイルがないよりはあったほうが、相手国が攻撃を思い留まる可能性は増えるだろう。しかし、抑止が成立するためには三つの要件が必要である。

一つめは、攻撃があった場合にそれに対して反撃する能力を持っていて、かつ、そういう能力を使う意思があることである。

二つめは、そうした反撃能力があって、しかもそれを使う意思があることを相手国に伝達できることである。つまり、戦争が起きるかもしれないという事態でも、お互いに何をするか伝達しあえるチャンネルが開いているということである。もっとも、そのような事態になった時に「自分たちから攻撃するつもりはない」とか「攻撃されれば必ずやり返す」といっても、ある程度相手に対する信頼がないと信じてもらえないので、日頃からの信頼関係が大事になる。

三つめは、状況に対して、共通の認識があることである。つまり、「この線を越えれば必ず反撃する」、あるいは「この線を越えなければこちらから攻撃することは決してない」という認識がお互いに成り立っていることである。自国にとって死活的に大事なことは何かを相手国に伝えて、それが変更される事態になれば必ず反撃する、そのような事態にならなければ攻撃しないということを、お互いにわかり合っていることが重要である。

以上の三つの要件のうち、現在の日本では一つめの「能力」の点に議論が集中していて、二つめと三つめの要件についての議論はあまりない。相手国を思いとどまらせるには、「攻撃しなければこんないいことがある」ということ（筆者はこれを「リベラル抑止」と呼んでいる）、「ミサイルを撃つとこんなマイナスがある」ということを事前に伝える必要がある。そのためにも、日本は二つめと三つめの要件についても、議論を深める必要がある。そして、外交、経済、社会・文化すべての資源を動員して、相手国に攻撃を思いとどまらせるような努力をしていかなければならない。

若い世代に伝えたいこと

三つ言いたい。一つは、多くの問題に答えを出して、それを選んで決めるのは私たち自身だということである。日本には長年積み残されてきた、さまざまな問題がある。例えば少子高齢化、経済の停滞、労働市場の流動性、国の借金、社会での女性の役割、女性天皇、移民政策などである。防衛政策についていえば、日本をどうやって守るのか、自国だけで守るのか、どこで守るのか――水際で守るのか、水際よりもう少し外で守るのか――といったことである。若い人たちには、これらの問題について議論してほしい。

二つめは、世界中に友達を作ってほしい。世界中に友人がいれば、世界は狭くなる。友人の国の問題は遠い国の出来事ではなく、自分の問題になってくる。世界のニュースにも関心が高まる。世界規模で物事を見て、問題の解決を友人と一緒に考えていくことは、安定した平和な世界を作ることにつながる。

三つめは、時間的な猶予はそれほどないということである。例えば、移民政策である。日本の人口は減っているが、日本は移民に対して基本的にドアをあまり開けていない。二〇〇〇年に移民政策を推進するべきだという報告が出たが、二〇年経った今もあまり進んでいない。日本に来て働きたいという外国人はまだ多いが、二〇五〇年に日本は世界で八番目の経済規模になると予測されている。このままいけば日本は経済的に魅力的な国ではなくなり、日本に来て働きたい、日本に住みたいという人たちもいなくなる。時間はそんなに残っていない。また、筆者は現在世界が直面する最大の問題は地球温暖化だと考えているが、この問題を解決するには国際的な協調と大国間の協力が不可欠である。大国間の関係を安定させて、大きな問題に対応できるようにすることが急務である。こういったことを若い人たちにも考えてほしい。

そのほか、シンポジウムの繰り返しになるが、若い人たちには発言することを恐れないこと、周りに流されずに自分で考えることの大事さも強調したい。そのためには、ほかの人との対話や議論が欠かせない。学んでいる専門知識をいかして、積極的に発信してほしい。幸い、発信する手段は石橋湛山の時代とは比べようもなく、多様にある。発信する時は、みんなが知りたいと思っていることに答えを提示することが大事だ。けれども、みんなの意見に流されないことは、もっと大事だ。人々が聞きたい耳障りの良いことだけを伝えるのではなく、聞きたくないと思っていることも発信していく強さや、信念、勇気をもってほしい。その場合の発信が、データによって裏打ちされたものであり、客観的・科学的なものでなければならないことは言うまでもない。

自身がこれから考えていること

三つある。一つは、現実に起きている問題に対する提言を発信していきたいということである。特に、戦争がどのように起こってきたのか、平和はどうやって維持されているのかという仕組みについて、分かりやすい形で発信していきたい。政策提言もしていきたいと考えている。安全保障はプロの人たちが分かっていればいいという意見もあるが、そうは決して思わない。決めるのは国民であり、国民が納得しない政策などありえない。一般の人たちが決定するための参考になるように、わかりやすい発信をしていきたい。

二つめに考えていることとして、ここ何年か筆者は、アメリカ、日本、オーストラリアなどが、どのように自国に対する脅威を認識してきたかを研究してきた。今後は、中国について同じことを研究したい。さらに関心があるのは、九〇年代以降の中国のように、台頭している国はどのようなことがきっかけで、現在の国際システムに対して「このシステムのなかでは自分たちの未来はない」と考え、どういう形で不満が形成されていくのかを追及することである。

最後に、筆者はやはり日本の研究者なので、一九二〇年代から三〇年代、石橋湛山がいた時代、日本はなぜ戦争の道に進んでいったかを分析をしたいと考えている。どうすればあの戦争は起きなかったか。当時、私が生きていたら何ができていたか。それを追体験のような形で追究したいと考えている。いまの時代を「新しい戦前」にしないためにも、当時の研究者たちはどう考えていたかも含めて研究したい。そこから得られるものは、今後の中国、日米関係、日中関係、米中関係の理解にもプラスになることだと思っている。

第二部　石橋湛山の足跡をたどる

石橋湛山と早稲田大学

早稲田大学文学学術院教授　真辺　将之

1　早稲田大学入学の経緯

石橋湛山が早稲田大学高等予科に入学したのは、一九〇三（明治三六）年九月のことである。高等予科とは、大学に入る前の予備教育のための課程であり、当時の早稲田大学では大学入学前に一年半の高等予科の課程を修了する必要があった。

湛山は最初から早稲田志望であったわけではない。当初は第一高等学校への入学を目指しており、一九〇二年三月に甲府中学校を卒業すると上京し、ゆくゆくは大学で医学を学ぶことを夢見て、第一高等学校を受験したのであった。神田錦町にある正則英語学校に通いながら、一高を受験したが不合格、翌年また受験するも結局合格できず、知人の勧めもあって早稲田大学高等予科の編入試験を受けて合格し、九月に入学したのである。当時早稲田大学高等予科の年限は一年半であったが、湛山は二学期編入であったため、入学の一年後に文学部哲学科へと進学することになる。

このようにいわば不本意入学であった湛山だが、しかしこの早稲田への入学が、湛山の人生を大きく動かすことになる。一高に入学できないまま、もし早稲田にも入学せずにいたならば「翌年は日露戦争で、私も召集され、あるいは旅順口あたりで戦死していなかったとも限らない」とは湛山自身が語っているところである[1]。しかし開戦直前の一九〇四年九月に湛山は早稲田大学文学科哲学専攻に進学、そのため徴兵猶予を受けて、戦争に行かずに済んだのである。また、もし一高から医学への道を進んでいたとするならば、湛山のその後も大きく変わったものになっていただろう。後述するように、ジャーナリストとしてさらに政治家としてその後湛山が進んでいくにあたっても、早稲田大学が与えた影響は非常に大きなものであった。

一八八二年に東京専門学校として誕生した早稲田大学は、当時勢いよく発展を続ける絶頂期にあった。湛山が高等予科に入学する前年の一九〇二年、東京専門学校は早稲田大学と改称し、湛山入学の一九〇三年には高等師範部（現在の教育学部の前身で、中学教員無試験認定資格を有していた）と商科（大学部・専門部）を設置する。さらにその四年後には理工科を設置、官学中心の政府の方針もあって制度上はいまだ専門学校であったものの、実質的には私立として初めての総合大学へと成長するのである（慶應義塾が初の理系学部として医学科を設置するのは、早稲田の理工科に遅れること一〇年以上後の一九一八年のことである）。

しかし、以上はあくまで学科組織の面である。「建物は今日［一九五一年］とははなはだ異なり、大講堂と称した二階建赤煉瓦のものがあった外、他はすべて木造」であったというし、「すでに鶴巻町通りは、古本屋、ミルクホール、その他の商店が軒を並べて、新たな大学街として繁栄していた。しかしその鶴巻町も、大学の方から向かって左側は、ちょっと裏にはいると、いわゆる早稲田たんぼで、目白台まで水田が続き、その中に新たにできた道路に沿って、点々と下宿屋などが建っているのに過ぎなかった。昔、早稲田は茗荷畑が多いことで有名だったそうだが、その名残りも明治三十六年ごろにはまだ見られた」[2]と湛山は回想している。大学の学科課程は拡大・充実しつつあったが、キャンパスやその近辺はまだ素朴な空気を大いに残していた。そのようななかで湛山は学生時代を過ごしたのである。

2 早稲田の学風と教員

当時の早稲田の学風を窺う参考になるものに、湛山が早稲田を出た五年後の一九一三年に発行された『早稲田生活』（南北社）という本がある。早大卒業生一二名が自分たちの学生時代の体験を踏まえて書いた書であり、卒業生たちの在学時代＝湛山が在籍した頃の学校の雰囲気を伝えるものであるが、この本が強調するのは「学問に国境はない。学問に四民の区別はもとよりあり得べからざることである。これが早稲田の主義である。平民的人道的自由思想は早稲田の主張である」という、庶民的でかつ自由を重んじる学校の空気であった。こうした雰囲気の背景には、地方出身者の多さがあった。同書では「学生の過半が百姓の息子」「試にある組の割合を挙げて見ると、九十四人中三府出身者は近々十九人に過ぎない」とされている。[3] 湛山もまた地方出身者であったが、この時代の地方出身ということの意味は、現在とはまるで異なる。ロードサイドにチェーン店の立ち並ぶ現在とは異なり、当時はそれぞれの地方に独自の文化や気風、そして同郷人間の強いつながりがあった。多くの地方から人材が集まってくるということは、それだけ多種多様な個性が学内に存在することを意味した。前述した自由を重んじる気風は、こうした多様な個性を、「一切の石膏像的範疇を脱して」つまり画一的な型に押し込めるのではなく、「飽くまでも個性を尊重し、独立自由に学問の討究をする」ということを意味しており、『早稲田生活』はそれを「世界中で早稲田大学以外には一寸見られない形である。」とまで強い自負をもって誇っている。[4]

さて、そのような雰囲気の早稲田で、湛山はどのように学んだのか。『湛山回想』のなかで、湛山が実際に授業を受けた教員のうちで、自らの関係の深さから一定の紙幅を割いている教員は、煙山専太郎、金子筑水、島村抱月、田中王堂、田中穂積などであるが、このうち煙山以外の全員が早稲田出身の教員であるということは偶然ではあるまい。また煙山は帝大出身ではあったが、名利を嫌い、帝大的な雰囲気とは非常に遠い性格の教員であった。煙山は『近世無政府主義』などの著書でも知られるロシア史研究の先駆者であったが、湛山はその立ち居振る舞いから強い影響を受けた。「煙山先生には、高等予科で一年間、西洋史の講義を受けた。非常な勉強家であるという評判で、絶えず図書館の書庫に入り込み、読書をしておられた。なりふりには一切かまわず、たぶん時計屋に修繕にでも出されるのであろう、目ざまし時計を、ぶら下げて、鶴巻町の通りを歩いているのを見かけたことなどもあつた。こういうわけで、私は、実は教室において先生に接する時間は少なかつたのだが、不思議と深い印象を受け、親しみを感じた。」[5] と述べる通りである。

哲学科においては、その主任であった金子筑水に、湛山は最も多くの接触を持ったが、しかし金子よりも強い影響を受けたのは田中王堂であった。それは「先生によって、初めて人生を見る目を開かれた」「もし今日の私の物の考え方に、なにがしかの特徴があるとすれば、主としてそれは王堂哲学の賜物であるといって過言ではない」[6] というほどの大きな影響であった。田中王堂の授業は、当初、非常に難解なために学生たちからの評判も良くなかったようだが、しかし、やがて学生たちはその難解さには、それ相応の意味があることを知り、自分たちの無意識に受け入れている前提を疑うような内容を持つことに気づき、一年ほど経つうちに、気がつけば全学生が高く評価するまでに至ったのだと湛山は回想している。[7]

田中王堂の与えた影響をより具体的に言えば、プラグマティズムの思想ということになる。王堂は、抽象的な形而上学を否定し、あくまで人間の社会活動、実践的活動を基盤にした哲学を重視し、一元的・絶対的な物の考え方ではなく、相対的・相互作用的な物の考え方を重視した。そこから、国家を絶対視するような国家主義的道徳を批判的に捉え、社会状況のなかで柔軟に物事を考える力を養うよう説いた。欲望と理想との一方に偏するのではなく、実社会・実生活のなかで、個人と社会を調和し、欲望を否定することなく理想へと近づけていく考え方＝「相対的自由思想」は、湛山に大きな影響を与えた。特に、田中王堂の「欲望統制」の哲学、つまり一方で個人的欲望を時代的な境遇のなかに適合しうるように統制し、他方で社会的境遇が個人的欲望に応えうるように現実を改造していく、という考え方は、湛山の思考様式の基盤となった[8]。湛山が一方で哲学や宗教に強い関心を持ちながら、しかし他方で現実社会を変革すべくジャーナリストとして、さらには政治家として活動したのも、こうした王堂から学んだ現実との関わり方が影響した部分が大きかった。湛山は、早稲田で出会った一学年上の友人関与三郎や杉森孝次郎とともに、王堂の初期の教え子として、卒業後も、一九三二年に王堂が死去するまで指導を受け仰ぎ続けた。王堂は湛山にとってまさに生涯の師であった。

　湛山は、一九〇七年、文学科哲学専攻三年の課程を終え、文学科首席の優秀な成績を収めて卒業する。しかし卒業後も湛山は特待研究生として大学に残ることになる。なお、卒業時まで湛山は、創設者の大隈重信を学内で目撃したことは一度としてなかったという。また湛山の在籍した文学科の学生たちの側も、「当時早稲田の文科に来る学生は、たとえば、坪内逍遥博士とか、島村抱月氏とかいう名に大いに心を引かれて、ここに集ったのであって、政治家の大隈重信侯（その頃はまだ伯であったが）などという存在には、ほとんど全く興味を感じなかった。たぶん政治科の学生などは、しばしば侯の屋敷に押しかけていって、大風呂敷といわれた侯の気炎を聞いたものだろうが、文科の学生には、そうしたものは、おそらく一人もなかったであろう。」というように、とりたてて大隈個人に関心があったわけではなく、わざわざ大隈の姿を見に行こうとすることもなかった。[9]

しかし、特待研究生となったことで、湛山は初めて大隈の姿を学内で目にする機会を得る。湛山が特待研究生に採用された一九〇七年、大隈は憲政本党党首の座を去ったことを機に、早稲田大学総長に就任し、創設以来初めて学校の公的な役職に就いたのであった。そして一九〇七年一〇月に創立二五周年記念式典が行われると、その際に大隈も演説を行い、これが湛山が初めて大隈の姿を学内で目にする機会となった。これ以降の学生は式典のたびに大隈の演説を耳にすることになるのだが、その直前に卒業した湛山の同級生のほとんどはそうした経験を持たなかったのである。

なお、この祝典の際に、大隈重信の銅像が初めて学内に建てられ（ただし現在のものとは異なり大礼服姿もの。現在大隈記念講堂の回廊に置かれ、早稲田大学の歴史館にレプリカが展示されているものである）、また「都の西北」の校歌が制定されたのもこの時であった。祝典の前に作曲した東儀鉄笛が、学生を集めてしきりに練習しているのを湛山も目撃したという。これも湛山が通常の学生として卒業していたら耳にすることはなかったもので、湛山は校歌を学生として聞き、耳に懐かしいものとして感じることのできた最年長の卒業生であったということができる。

3　特待研究生制度と湛山の同窓生たち

さて、話を、湛山が卒業後採用された特待研究生に戻そう。この制度は、専任教員養成を目的として毎月学資を支払いつつ研究に従事させる制度で、早稲田大学と学校名を改称して最初の卒業生である一九〇五年の卒業生から採用が始まり、その年は大山郁夫（政）、北原淑夫（法）、原口竹次郎（文）が選ばれ、翌年には貴虎孟太郎（政）、寺尾元彦（法）、関与三郎（文）が選ばれていた。そして一九〇七年には、湛山とともに、武田尾吉（政）が選ばれた。しかしながら湛山は、その後結局母校の教員として採用されなかった。湛山は回想で、「この制度は私の年度か、あるいは翌年度ぐらいで廃止になった。大学当局者の期待にそう成績をあげ得なかったからであろう。それには私のごときなまけ者の特待研究生が出来たことにも、大いに責任があったのかも知れない。」と述べているが[10]、そういうわけではなく、早稲田大学と改称してのち多くの有為の人材が育ち始めており、特別に教員を養成する必要を大学が感じなくなったというのが実情であろう。例えば、一学年上の文学部卒業生を見てみると、湛山も親しく交わった関与三郎（哲学者、早大教授）や杉森孝次郎（社会学者、早大教授）のほか、ロシア文学者で早大露文科の創設者片上伸、のちに早稲田大学法学部教授となった中村万吉、民俗学者・随筆家の野尻抱影、文学者で早大校歌を作詞した相馬御風、美術史家で歌人の會津八一、英文学者で早大教授となった岡村千曳、日本思想史学の開拓者村岡典嗣、演劇評論家の楠山正雄など、母校で教鞭を執ることになる多くの人材を輩出していた。さらにその一学年上（湛山からみれば二学年上で、早稲田大学改称後最初の入学生）のうち、大学部文学科の卒業生をみると、後に母校教員になった者として原口竹次郎、日高只一、中村仲、吉江喬松、武田豊四郎、横山有策、高須芳次郎らの名前を見いだせる。こうした状況のなかで、学校側が教員を特別に養成する必要を感じなくなったのであり、湛山が母校の教員とならなかったのもこうしためぐり合わせによるものであったと考えられる。特に一学年上に同じ哲学専攻の関与三郎がいたことは大きかったであろうと推測される。関与三郎は一学年上ではあるが、湛山とは無二の親友として交わった仲であり、杉森孝次郎とともに、田中王堂に強い影響を受け、フランス実証主義哲学を専門とし、のちには哲学科の主任をつとめ、また文学部の社会学専攻の創始者ともなった[11]。湛山が優秀な成績を収めながら母校の教員として迎えられなかったのには、こうした優秀な上級生たちの存在があった。

なお、母校の教員になったものに限らなければ、哲学専攻の同級生には、在野の歴史作家・社会批評家として名を馳せた白柳武司（秀湖）がおり、また学科は異なるが同じ文学科の卒業生としては東京日日新聞主筆を務めた中村星湖（同郷で、甲府中学校時代からの同期）や、ジャーナリスト川辺真蔵、警視庁特高課検閲係長を務め映画通としても知られた橋高広、一学年上には前述の人物のほか、作家の生方敏郎、アマチュア野球選手として著名で卒業後は新聞記者となった橋戸信などがおり、一学年下では、哲学科には早大講師となりのちに衆議院議員となった北昤吉、英文学科に早稲田大学教授を務めた服部嘉香、読売新聞記者・歌人で早大教授となった土岐善麿、歌人の若山牧水、評論家の安成貞雄、作家で法政大学の教員となった佐藤緑葉、詩人の北原白秋（中退）を輩出するなど、文学部は早稲田の全学部のなかでも特に多くの人材を出した。湛山が在籍した頃の文学科は「まさに黄金時代」[12]であった。

湛山はこのような状況のなか、母校の教員ではなく、ジャーナリストとしての道を歩むことになる。これもまた、進学先に早稲田を選んだことの結果といってよい。当時はいまだ新卒一括採用などの刊行も確立しておらず、就職は多くの場合コネすなわち人間関係によって決まった。特に優秀な学生に関しては学校教員が就職先を紹介することがしばしばあった。早稲田大学がジャーナリストに他校を凌駕する圧倒的な人材輩出力を誇っていたのも、教員たちがジャーナリズムに多くのつながりを有しており、そこに卒業生を紹介することでさらにジャーナリストとのつながりが増える、という循環構造が存在していたことによる。少し後の一九一四年時点の史料によれば、「本年一月末の調査に係る全国新聞の総数は三百二十有余種でこれ等各社に配布せられた早大出身者の総数は四百六十有余名を算する様だ而してそれを各社に割当てやうか一社は優に一人四分六厘に当り殆ど全国を通じてその隻影を見ざるなきに至るであらう」とされ、具体的には東京では万朝報二〇名を筆頭に、実業之日本社一五名、国民・中央・東京朝日が一三名、博文館一一名、早大出版部一〇名、読売九名、やまと・東京日日・冨山房八名、報知七名、東洋経済新報・都・東京朝日・毎夕・早稲田文学・電報通信が六名、ジャパン・タイムズや慶應系の時事新報にも五名が所属、関西でも、大阪朝日一三名、大阪毎日に一二名が所属していたという。[13]

湛山もまた恩師の島村抱月によって、大隈重信が買収したばかりの新聞『東京毎日新聞』に紹介され、同紙でジャーナリストとしての研鑽を積むことになる。同紙の主筆を勤めていたのはやはり早稲田の教員をしていた田中穂積であった。経営難もあって、湛山は同紙を七ヶ月ほどで退社することになるが、その後も湛山は大隈重信が創設した大日本文明協会で書籍翻訳の業務を行ったり、その後一九一〇年には『東京毎日新聞』時代の上司で早稲田大学教員（ただし経済学が専門のため湛山は在学中には教えを受けなかった）の田中穂積の紹介で、東洋経済新報社に入社することになる。『東洋経済新報』は、大隈重信が経営していた『郵便報知新聞』出身の町田忠治が創刊した雑誌であり、さらにその後主幹を務めた天野為之は早稲田の教員、植松考昭、三浦銕太郎はいずれも早稲田出身者であり、大隈・早稲田とのつながりが非常に強い雑誌であった。以上のように、ジャーナリストとしての湛山は、まさしく早稲田に入学したことによって誕生したのだということができるのである。

4　早稲田人としての湛山

なお、ジャーナリストとならんで当時早稲田の卒業生が多く就職したのが、学校、特に中学校の教員であった。しかし教員になった者たちの前途はかならずしも洋々ではなかった。「私学出のものが、そのころの日本で、いかに冷遇されたかは、今日の私立大学の卒業生には、たぶん想像もできないことであろう。」「われわれの友人は、月給の安い間は使われるが、少しく地位が進むにいたると、はじから首にされた。」というように、湛山は友人から早稲田出身者の冷遇される状況をしばしば聞かされた。「ただ新聞界と文芸界とは、さすがに腕次第の社会で、学閥は物を言わなかった。」[14]が、友人たちの窮境を目にした湛山は、社会における学閥の強力さに憤り、「そのころは早稲田大学そのものが、すでに帝大閥の病にかかり、邪推かもわからぬが、早稲田出身者を冷遇しているように、私は考えられた」[15]という立場から、「できるだけ多く母校の出身者が教授として残るよう、待遇その他の点を改善すべきであると主張」したこともあった。[16]

とはいえ、湛山は決して早稲田閥を作ろうとしたわけではなかった。「私は閥というものは、一切大きらいで、およそデモクラシーとは反対に、公正を破り、進歩を妨げる最大の害悪の一つだと考えている。」[17]と、東洋経済新報社においても、湛山は採用人事にあたっては、どこの学校出ということとは全く関係なく、良いと思う人を無差別に採る方針を採った。[18]帝大閥に対抗するに、早稲田閥を以てするのではなく、閥そのものを敵視したのである。

湛山は、母校やその創設者大隈重信に対しても批判的発言をしばしば行なった。早稲田関係者の多くが熱烈に支援した第二次大隈内閣に対しても、二十一箇条要求などについて強く批判したり、同内閣が政党内閣の実質を持つよう事あるごとに批判を続けた。また母校に対してもしばしば批判的な発言をしており、特にいわゆる「早稲田騒動」において、高田早苗の総長復帰の動きを、大学の民主化に反するものとして強く批判したことは有名である。紙幅の都合で詳述はできないが、早稲田あるいは大隈に強い親近感を抱きつつ、しかしそうであるがゆえに批判する、という湛山の姿勢が明確に現れていた。

こうした湛山の姿勢は何よりも、早稲田大学創設時の理念に沿うものであったといってよい。すなわち、開校式典において、小野梓が、「学問の独立」の理念のもとに、学校が特定の政治的党派の養成機関であってはならない、自分は改進党員ではあるが、しかし卒業後学生が、反対党に進むことを決して妨げないと宣言していた。学校創設者・大隈もまた、「批判精神」の大事さを主張し、だからこそ二大政党制を追求し、それを担う人材を育成するべく早稲田大学を創設したのであった。多事争論・百家争鳴のなかにこそ、社会の進歩と民意の暢達が実現すると彼らは考えていたのであり、だからこそ自由と多様性を早稲田は重視してきたのである[19]。その意味で、閥を嫌い、批判精神を愛し母校の早稲田や早稲田関係者に対しても忌憚なく批判を続けた湛山は、それゆえにこそ、まさしく早稲田らしいジャーナリストであったのであり、大隈の理念を受け継ぐ政治家であったということができるのである。

〔まなべ・まさゆき。専門は日本近現代史。博士（文学）。著者に『東京専門学校の研究――「学問の独立」の具体相と「早稲田憲法草案」』（早稲田大学出版部、二〇一〇年）など〕

1　石橋湛山『湛山回想』（石橋湛山全集編纂委員会編『石橋湛山全集』第一五巻、東洋経済新報社、一九七二年）。
2　同右。
3　南北社編『早稲田生活』（南北社、一九一三年）。
4　同右。
5　『湛山回想』。
6　同右。
7　同右。
8　王堂哲学の湛山の影響については姜克実『石橋湛山の思想史的研究』（早稲田大学出版部、一九九二年）

に詳しい。
9 「大隈侯に対するささやかな回想」（石橋湛山『サラリーマン重役論』竜南書房、一九五六年）。
10 『湛山回想』。
11 『近代日本の社会科学と早稲田大学』。
12 早稲田大学大学史編集所編『早稲田大学百年史』第二巻（早稲田大学出版部、一九八一年）。
13 錦谷秋堂『大学と人物』（国光印刷株式会社出版部、一九一四年）。
14 石橋湛山『湛山回想』補遺（石橋湛山全集編纂委員会編『石橋湛山全集』第一五巻、東洋経済新報社、一九七二年）。
15 同右。
16 酒枝義旗『早稲田の森』（前野書店、一九六六年）。
17 『湛山回想』補遺。
18 同右。
19 こうした大隈の多事争論を重視する姿勢については、真辺将之『大隈重信——民意と統治の相克』（中央公論新社、二〇一七年）を参照。

石橋湛山の経済思想

慶應義塾大学経済学部教授　牧野　邦昭

1　湛山の基本的な経済思想

石橋湛山は経済の面では、大正期に『東洋経済新報』において、植民地を不要とするいわゆる「小日本主義」を唱えた評論家、また昭和初期の金解禁論争・昭和恐慌において政府の緊縮財政を批判したエコノミスト、さらに終戦直後に戦後復興に取り組んだ大蔵大臣としても知られる。湛山の経済思想はどのようなものであり、その思想に基づき言論人としてどのような主張をし、政治家としてどのような経済政策を進めたのだろうか。

湛山は山梨県第一中学校では自主性を尊重する個人主義の教育方針により生徒に接した校長の大島正健に、また早稲田大学では、哲学の根底を個人に置き、同時に社会と個人との相互制約や調和を強調して人間生活に有用な実践を目指した哲学者の田中王堂に強い影響を受けた。湛山の思想の特徴は、ある意味では明治時代に英米系の教育を受けた人物のそれである。つまり個人の自由と独立を重視する一方で社会進化論的に個人と社会の相互作用を重視し、個人や企業の自由な活動による社会改善を信じるものであった。

その後東洋経済新報社に入社した湛山は経済学を学ぶ必要に迫られ、セリグマンやJ・S・ミル、アダム・スミス、リカード、マーシャルなどの経済学の原書を読んで学習した。英米、特にイギリス古典経済学を中心に学んだ湛山は、後に経済を「人間が其の生活の維持乃至発展をはかる為め最も大なる効果を挙げる如く、自己の労力を分配する計画を立て、且つ之を実行すること」と定義した。[1] そしてこうした「労力の分配」（分業）は多くの人が広範囲で行えば行うほど「各人の労力の効果を大にし、生産の量と種類とを豊富にする」[2]。

湛山はこのように人間の労働を最も重要な生産要素と考えていた。さらに常に個人および国家の「自立」を主張し、またそうした自立した経済主体間の取引・分業（国際経済においては貿易）を重視していた。湛山は労働を活性化し生産を増加させることを目的に、時に人間の行動を阻害する経済規制の撤廃や自由な貿易を求める経済自由主義的な主張をし、一方では財政支出によって景気を刺激し雇用を増加させるケインズ主義的な主張をし、また特に戦後は日本経済の自立のために水力発電の電源開発や高速道路建設の推進を求める開発主義的な主張をしている。こうした、純理論的な経済学からみれば「体系なき体系」といえる経済思想を持っていたが故に、逆に湛山は目前の現実を固定的な理論に捕らわれずに分析でき、それが戦前においては言論人としての活躍を可能とし、また戦後は政治家として日本経済の直面するさまざまな問題に取り組むことを可能にした。

2　大正期のいわゆる「小日本主義」

現代では湛山の代名詞ともいえる「小日本主義」はもともと湛山以前からの『東洋経済新報』の伝統である（湛山自身は「大日本主義」を批判する一方で「小日本主義」という言葉はほとんど使用していない）。『東洋経済新報』は一九一二年から主幹となった三浦銕太郎《てつたろう》の下で、イギリスのマンチェスター学派の「小英国主義」（Little Englandism：植民地の獲得を優先する帝国主義政策への反対、自由貿易の推進）の影響を受けて帝国主義を批判し、国内の改革と個人の自由な活動によって国民の福祉を改善していく「小日本主義」の方針を明確にしていた。東洋経済新報社の「小日本主義」の主張に統計に基づく経済的な裏付けをしたのが、三浦に見出された湛山であった。

自立した主体間の分業を重視する湛山は、通信や交通等の機関の発達した現代では経済は本質的に国際的になるはずであると主張する。「貿易は、つまり国際的の分業および協業の一発露だ[3]」。経済が働く個人の分業によって成り立っている以上、日本のみならず各国は経済発展のために教育により国民の能力を高め、労働生産性を上げるとともに、国内および国際間で分業を進めていく必要があるというのが湛山の考えであった。

したがって当時人口過剰として問題視されていた日本の人口の多さはむしろ分業による経済発展に有利であり、また日本に天然資源が無くとも、貿易さえ自由に行われれば国際分業の観点から問題ないことになる。湛山は一九二一（大正一〇）年、日本は植民地を放棄しても貿易によって遥かに多い利益を得られるとする、いわゆる「小日本主義」の代表的な主張をしている[4]。

3　金解禁論争と昭和恐慌

湛山と『東洋経済新報』の名を高めたのは昭和初期の金解禁論争である。日本は第一次大戦勃発後諸外国と同様に金本位制度から離脱し、大戦終結後に復帰が目指されたが、大戦後の恐慌や関東大震災、金融恐慌への対応に追われ先延ばしされていた。財界からは為替安定のため金解禁（金本位制への復帰）が強く求められ、一九二九年に発足した民政党の浜口雄幸内閣は大蔵大臣に井上準之助を起用し、金解禁の実施を公約に掲げた。

世論の多くも金解禁を支持したが、その時期や手法については意見が分かれていた。湛山のほか、高橋亀吉・小汀利得・山崎靖純といった民間エコノミスト（「街の経済学者」）は、旧平価（金本位制度離脱前の為替相場）は日本経済の実力からは割高であり輸出に不利になるため、平価を切り下げて金解禁を行うべきだとする新平価解禁論を主張した。特に湛山の金解禁論争における主張は、ケインズの『貨幣改革論』（一九二三年）などの文献や、イギリスが旧平価で一九二五年に金本位制に復帰した際の経験を基にしたものだったが、同時に経済における「労力の分配」を重視する立場から、旧平価金解禁の場合に必要な財政支出削減は景気を停滞させ労力の使用を不活発にするとして反対するものであった。

しかし浜口首相と井上蔵相は諸事情により早期の旧平価金解禁を選択して緊縮予算を組み、一九三〇年一月に旧平価金解禁が実施された。金解禁後、円為替引き上げと世界恐慌の深刻化により輸出は大幅に減少し、財政も緊縮されていたため昭和恐慌となった。湛山らは政府を批判し早期の金輸出再禁止（金本位制からの離脱）を主張する。一九三一年一二月に政友会の犬養毅内閣が発足し、蔵相に就任した高橋是清は即時に金輸出を再禁止した。円為替急落による輸出急増に加え、日本銀行による国債引き受けを通じた軍事費・農村対策費を中心とする財政支出拡大（高橋財政）により景気は急速に回復に向かい、湛山は高橋財政における財政支出を積極的に支持した。

湛山は当時、落語「花見酒」（酒を売って儲けようとした二人の男が酒を担いで花見名所に向かう途中、二人で金をやり取りして酒を全部飲んでしまう）の例を挙げて、貨幣を通じた取引が経済主体間で盛んに行われることが重要だと説いていた。[5] 湛山にとって貨幣は取引を円滑にし、人びとに分業による労働の成果を消費する力をつけさせ、それを通じて生産を拡大するためのものであった。貨幣によって需要を増やし経済を活性化させるという点では湛山の思想とケインズの有効需要論は共通点があり、それゆえ湛山はケインズ理論にいち早く注目しその研究を行った。

4　ブロック経済と湛山

一方で皮肉なことに、湛山への評価が高まるのと同時に、日本は「小日本主義」とは反対の方向へ進んでいく。米騒動や第一次大戦後の国際収支の悪化のなかで「大日本帝国」内での食料自給が目指されたことで台湾や朝鮮で農業開発が進み、台湾や朝鮮は日本にとって不可欠な存在となった。また一九三一年に起きた満洲事変によって翌年建国された満洲国への投資は、高橋是清蔵相による財政拡張政策や金輸出再禁止後の為替低落による輸出の増加とともに日本の景気回復に貢献した。満洲国から利益を得るようになった日本では、世界的なブロック経済化のなか、「日満経済ブロック」さらに中国を加えた「日満支経済ブロック」

の建設の主張が軍部だけでなく財界、高橋亀吉や山崎靖純を含む言論人、そして国民世論に広まった。しかしこうした主張とそれに基づく北支分離工作は当然中国の強い反発を生み、一九三七年には日中戦争が勃発する。

湛山の主張も時代に応じて変容せざるを得なかった。湛山は台湾や朝鮮、満洲国、そして「北支」の日本の勢力下における支配を既成事実として認めていく。植民地が「必要」かつ「儲かる」存在になったことにより、功利主義的な文脈での植民地批判が成り立たなくなり、湛山の思想は少なくとも領土の面では「小日本主義」とは呼べなくなっていく。

しかし湛山は自分の基本的な思想は堅持し、「広く世界的に貿易を営めば互に良い物が安く買え、豊富な生活が出来るのに、わざわざ狭いブロックの中などに窮屈し、貧乏暮しをすることは……到底人情の許す所でない」として「自給自足経済」を批判した。[6] 湛山は日本が「東亜独占主義」を方針とすれば「東亜の利益は或は多く我が国に得られるかもしれぬ」しかし「東亜以外の世界は我が国に対して鎖される」と予言し、日本が自ら開放主義を採りその上で世界全体の開放を主唱するならば「必ず世界を我が指導の下に動かし得る」として、「欧米の跡を追」うのではなく「進んで世界を指導する雄大な気象を持」つことを主張した。[7]

しかし日本は「東亜経済ブロック」そして「大東亜共栄圏」の建設に一層固執するようになっていき、それが太平洋戦争へとつながっていく。

5 戦後構想の研究

湛山は戦時中、目前の問題と同時に戦争が終わった後を考えようとしていた。早くも一九四〇年には東洋経済新報社内で湛山を中心とする「戦後対策」の研究が始まる。さらに国際金融の技術的な面から「戦後」を暗黙の裡に研究するため、湛山は一九四三年に創立された金融学会（現・日本金融学会）において経済学者や銀行関係者、官僚を集めて事実上の戦後研究を行った。

一九四四年七月に連合国通貨金融会議（ブレトン・ウッズ会議）で国際復興開発銀行（世界銀行）と国際通貨基金（ＩＭＦ）の設立が決定されたことに刺激を受け、湛山は戦後研究を本格的に開始する。湛山の提案により一九四四年秋に大蔵省内に「戦時経済特別調査室」

が設置され、湛山のほか金融学会関係者らが委員に任命された。
湛山はこうした研究のなかで、戦後の国際秩序において世界に自由な貿易が復活し、それを利用すれば日本は領土を失っても十分発展できると考えていた。戦時経済特別調査室での議論において、委員だった経済学者の中山伊知郎は敗戦により日本の領土が削減されることに不安を感じ、朝鮮や台湾は何とか維持できないかと話したが、湛山は「それは駄目だ、四つの島になったら、四つの島で食っていくように工夫すべきであるし、やり方によってそれはできる」「台湾や朝鮮をもっていたことは、大きな費用を負担していたことで、ヤルタ協定〔カイロ宣言〕でその費用から免れるということは大きな利益である。その利益、あるいは力を外国貿易に使い、また国内開発に使っていけば、日本は四つの島で生きることができる。できるどころか、やがて世界の経済国として堂々とやっていけるではないか。」と答えたという。中山は戦後、日本経済の発展はまさに湛山の主張通りになったとして、「議論ですでに負けたし、その後の事実の進行では、いっそうはっきり負けた」と湛山の先見の明に脱帽した。[8]
湛山は終戦直後の『東洋経済新報』社論「更生日本の門出　前途は実に洋々たり」[9]におい

て、領土が削減されても日本の発展には障害とはならず、科学精神に徹すれば「如何なる悪条件の下にも、更生日本の前途は洋々たるものあること必然だ」と断言し、その後も引き続き国民を鼓舞した。

6 復興期の大蔵大臣としての政策

戦後、政治家に転身し、一九四六年五月に発足した第一次吉田茂内閣において大蔵大臣となった湛山は大幅な赤字予算を組み、生産再開のための積極策として石炭など重要産業に対する価格調整補給金の支給や復興金融の強力な促進を行って石炭を含む基礎物資の生産回復を目指した（石橋財政）。湛山は長期的には貿易を通じて日本は経済発展できると議会での答弁でも表明していたが、一方で当時の日本は占領下で事実上貿易が許可されていなかった。こうした状態では通貨下落による貿易への影響を考慮することなく、赤字財政による財政支出で経済を刺激し生産を回復させる政策を行うことができると湛山は考えた。湛山は同時に戦時経済から続く経済統制を順次撤廃し自由経済を復活させようとした。

ただ、貨幣供給により生産を刺激する政策は、労働のみが生産要素であれば効果的であるが、現実には労働は多くの生産要素の一つである。特にエネルギー供給に制約があった終戦直後には石橋財政による生産回復には限界があり、インフレを加速してしまった面があるのは否めない。湛山の蔵相としての経済政策の成果を過大評価することは避けた方が良いだろう。

また、実際に日本統治にあたるＧＨＱ（連合国軍総司令部）にとっては、積極的に市中に資金を供給する一方で統制を撤廃し価格変動を自由にしようとする湛山の財政政策は、既に進行中のインフレーションを一層加速させ、社会不安を引き起こし統治を困難にするものであった。湛山はＧＨＱからの反感を買い一九四七年五月に公職追放されるが、仮に湛山が公職追放されなかったとしても蔵相として長く留まれたとは考えにくい。

しかし、アメリカを中心とする連合国軍による占領と吉田政権が長期化し、国民の間にアメリカや吉田への反感が生じてくると、占領期に公職追放され政治活動を制限されていた湛山への評価は上がっていく。ある意味では占領下でＧＨＱに抵抗して公職追放されたことが、追放解除後に湛山が再登場する際に有利に働き、湛山を有力な政治家としていく。

7　政界復帰後の経済政策

湛山は一九五一年六月に公職追放を解除され政界に復帰する。湛山は政界への復帰に当たり「生産復興第一主義」そして自助努力による国内経済の復興の重要性を説いた[10]。同時期に『東洋経済新報』に掲載されたインタビュー記事で湛山は自由貿易に期待すると同時に東西冷戦の現実を指摘し、自由貿易の推進や東南アジア開発の必要性を訴えつつも、電源開発や食糧自給といった国内開発に力を入れ、その資金は外資ではなく税制改革により減税などを進めて資本蓄積を図り、それでも足りない場合は赤字公債を発行すべきである、また経済統制は最小限に抑えるべきだと主張した[11]。

一九五〇年代前半の日本は概ね景気は好調な状態が続いたものの、景気上昇が輸入増加をもたらすと国際収支が赤字へと転じ、そのために金融引き締めと緊縮財政が実施されるということが繰り返された（国際収支の天井）。これに東西冷戦も加わり、輸出を中心とする経済発展に厳しい環境が続くなか、湛山は個人や国家の自立と労働の分業を重視する自身の思想から、自由貿易が難しければ日本経済の自立のために国内で道路建設や水力資源開発により分業を行うことが必要であると主張した。

一方、一九五四年一二月に吉田内閣が退陣し鳩山一郎内閣が成立すると湛山は通産大臣となる。東西冷戦の緊張緩和のほか、一九五五年に不完全ながらＧＡＴＴ（関税と貿易に関する一般協定）への加入が実現したことにより、海外からの資源輸入に対するリスクや障壁は軽減されつつあった。こうしたなか、湛山はもともと抱いていた「貿易を通じた平和裏の経済発展という意味での小日本主義」に合致する、安価な石油を海外から輸入して加工する石油化学工業の発展を積極的に推進する一方、自身が終戦直後の「石橋財政」で増産を促した石炭産業の斜陽化への対策に取り組む。一九五五年四月に四日市、徳山、岩国の旧海軍・陸軍燃料廠の払い下げ先が通産相の湛山により決定され（石橋構想）、同八月に鳩山内閣の閣議了解を得て最終決定された。それぞれの地域には石油化学コンビナートが建設され日本の化学工業の発展に貢献したが、一方で四日市ぜんそくなど公害も発生する。後年、湛山は四日市を視察して「公害がひどい」と反省している。[12]

一方で国内の炭鉱は重油の輸入増加や海外からの石炭輸入の増加により苦境に陥っていた。湛山は通産相就任当初から石炭産業の合理化に取り組む意欲を示し、一九五五年八月に成立した石炭鉱業合理化臨時措置法では石炭鉱業整備事業団による非能率炭鉱の買収が促進され、石炭生産を高能率炭鉱に集中する「スクラップ・アンド・ビルド」政策が進められていく。湛山は石炭から石油へのエネルギー革命を積極的に推進した。

減税による資本蓄積、積極財政、道路などによる国内開発、エネルギー源の転換といった政策は財界および有識者が期待する経済政策でもあり、これが湛山を首相へと押し上げることになる。一九五六年一二月二三日に石橋湛山内閣が成立し、直後の一二月二七日に自民党は「昭和三二年度予算編成の基本方針」を発表したが、その基調の第一に「完全雇用および国民所得の倍増を目途とする新経済計画を策定」することが謳われた。一九五四年以降の緊縮財政は積極財政に転じ、世論は石橋内閣の財政方針として掲げられた「一千億減税一千億施策」に注目しこれを強く支持した。

石橋内閣そのものは湛山の病気による退陣により極めて短期間で終わった。しかし、好調な日本経済の動向に沿う形でそれまでの緊縮財政から積極財政に転じたこと、また池田勇人が蔵相として入閣し後継の岸信介内閣でも蔵相・通産相を務めたことで、岸内閣退陣後の池田内閣における「政治から経済への時代の転換」を準備した。また湛山が通産相として取り組んだエネルギー革命の推進により日本は高度経済成長を遂げていく。

8　湛山の経済思想と現代

湛山のいわゆる「小日本主義」は高く評価されてきたが、植民地を不必要とするという意味での小日本主義を湛山が戦前に一貫して主張できたわけではない。しかしその基礎となる「自立した経済主体間の取引・分業」という湛山の経済思想は一貫しており、特に戦後の政治家としての主張や政策にもそれが反映されている。もちろん湛山が自分の経済思想に基づき実行しようとした政策には成功しなかったもの、副作用が生じたものもあったが、他方で現代にいたる日本の経済の基盤を作ったものも多くあった。

現代においては貿易や投資の自由化が進み資本主義のグローバル化が進む一方、それへの反動もあり「新しい戦前」とも言われる不安定な状況が生じている。また日本経済は諸外国と比べて低成長が続いている。湛山の生きた時代との共通点・相違点を踏まえつつ、人間の労働を最も重視した湛山の経済思想を現代に生かしていくことが求められる。

〔まきの・くにあき。専門は近代日本経済思想史。博士（経済学）。著者に『戦時下の経済学者』（中公叢書、二〇一〇年（新版は中公選書、二〇二〇年）、第三一回石橋湛山賞受賞）など〕

【参考文献】

上田美和『石橋湛山論　言論と行動』吉川弘文館、二〇一二年。

姜克實『石橋湛山（人物叢書）』吉川弘文館、二〇一四年。

布施豪嗣「石橋湛山の経済理論　古典派的側面を中心に」『経済学史研究』第六〇巻第二号、二〇一九年。

牧野邦昭「帝国主義・総力戦と日本の経済学者　石橋湛山とその周辺を中心として」小峯敦編著『戦争と平和の経済思想』晃洋書房所収、二〇二〇年。

牧野邦昭「石橋湛山内閣　高度経済成長への序曲」筒井清忠編『昭和史講義【戦後篇】下』ちくま新書所収、二〇二〇年。

望月詩史『石橋湛山の〈問い〉日本の針路をめぐって』法律文化社、二〇二〇年。

1 「貿易と経済」『石橋湛山全集』（以下『全集』）第九巻。
2 「経済の国際性」『全集』第九巻。
3 前掲「経済の国際性」。
4 「大日本主義の幻想」『全集』第四巻。
5 「花見酒の経済」『全集』第九巻。
6 「昭和九年の貿易予想」『全集』第九巻。
7 「世界開放主義を提げて――懊悩せる列強を指導せよ」『全集』第一〇巻。
8 中山伊知郎「達見」長幸男編『石橋湛山　人と思想』東洋経済新報社所収、一九七四年。
9 『全集』第一三巻。
10 「経済復興の問題」『全集』第一四巻。
11 「八千万人の生きる道」『東洋経済新報』一九五一年七月七日号。
12 石橋湛山『湛山座談』岩波同時代ライブラリー、一九九四年、一三三頁。

石橋湛山の言論と行動

共立女子大学国際学部准教授　上田　美和

石橋湛山は、二〇世紀の日本を代表する言論人であり政治家である。長年にわたり経済雑誌『東洋経済新報』（現在の『週刊東洋経済』）を舞台にジャーナリストとして活躍し、戦時下の出版経営者として手腕をふるい、第二次世界大戦後に政治家に転身した。大蔵大臣、通産大臣を務め、一九五六年に内閣総理大臣に就任した。病気のため、わずか二ヶ月後に辞職したが、晩年まで国際平和を求めて活動を続けた。

二〇世紀は〝戦争の世紀〟といわれる。石橋は言論人として二度の世界大戦を経験し、戦後政治家の時代は冷戦と重なっていた。二〇二三年現在、ロシアのウクライナへの軍事侵攻は長期化の様相をみせている。二一世紀の世界は再び〝戦争の世紀〟に突入したのだろうか。没後半世紀の今こそ、石橋の言論と行動とを振り返ってみよう。本稿では彼の生涯を言論人時代と政治家時代にわたって紹介する。

1　言論人時代

自立と経済合理性をもとめて（一）

石橋は、早稲田大学宗教研究科を修了後、東京毎日新聞社に入り、一九一一年に東洋経済新報社に入社した。哲学を修めた石橋が経済雑誌の出版社に入ったのは、東洋経済が当時、社会評論雑誌『東洋時論』（一九一二年廃刊）を刊行していたからである。記者として駆け出しの石橋には、早大時代の恩師田中王堂の影響も色濃くみられ、国家と個人の緊張関係に鋭く切り込んだ内省的な評論が多い。

石橋は、国や個人が自立を維持するために、経済合理性にかなう選択を生涯の行動原理とした。

石橋は、第一次世界大戦（一九一四～一八年）を契機に盛り上がった民族自決の理念（ウィルソン主義）に共鳴する。一九一九年には、反帝国主義運動として朝鮮で三・一独立運動、中国で五・四運動が起きた。列強の帝国主義によってそれまで抑圧されてきた、アジア民族のナショナリズムに石橋は共感し、擁護した。「幸福は、決して与えられた結果にはない」「自己は自己によって支配せられぬ限り、真の意味において生活はない……民族の生活もまた同様」と述べている。石橋は、支配者によって与えられる善政を拒否し、自立した民衆による政治を望む、〝大正デモクラシー〟時代の一青年だった。自分自身と抑圧された民族とを重ね合わせ、彼らの自立心も自分と同じように正当な要求だと主張したのである。[1]

　石橋は国内外の諸問題について、経済合理性の有無により判断し、より大きな経済的利益のあがる方法を提言した。第一次世界大戦後の国際秩序を話し合うワシントン会議（一九二一年一一月～二二年二月）が開催された。これに臨む日本代表に対し、帝国主義列強に先がけて日本が自発的に植民地を放棄するように求める社説を、石橋は『東洋経済新報』誌上に発表した。「朝鮮・台湾・満洲を棄てる、支那［中国］から手を引く、樺太も、シベリヤもいらない」[2]という徹底的な植民地放棄論を展開したのである。日本と植民地との貿易額が、アメリカ・インド・イギリスとの貿易額に比べて少なく、日本からの移民政策も不振で、軍事的な干渉は相手国の反感をかうので逆効果である、といったデータに基づく見解を石橋は示した。[3]植民地領有はコストがかかる割に国益にならないという経済合理性に基づく分析が、植民地放棄論につながったのである。
帝国主義に抗する先鋭的な主張によって、石橋は独自の存在として歴史に名を刻んだ。これが、今では歴史教科書にも掲載されている〝小日本主義〟である。しかし、ここでの石橋の主眼は〝大日本主義〟への批判にあり、彼が自らを小日本主義者であると名乗ったわけではない。

石橋の植民地放棄論は、当時の言論界では最先端の少数意見であったが、一九二〇年代のワシントン体制下の日本外交の方向性に必ずしも逆行するものではなかった。この時期の外交担当者は、ワシントン会議全権を務め、外相を歴任した幣原《しではら》喜重郎《きじゅうろう》[4]であった。幣原外交は、中国ナショナリズムに融和的な、経済重視の外交政策という点で、大局としては石橋の主張と共通性をもっていたのである。

一九二〇年代は、中国のナショナリズム運動と列強との対立が顕在化した時代である。一九二六年七月には、蒋介石の国民革命軍の北伐が開始され、一九二八年内には、国民政府による中国統一が完了した。国民政府の承認をめぐって日英米三国の協調関係が乱れ、一九三一年九月、満洲事変が勃発し、ワシントン体制は崩壊していく。それは石橋の小日本主義を支えていた土台の崩壊を意味したのである。

戦争の時代の言論

満洲事変の翌年に石橋は、「残念ながら支那人には果して自国を統治する能力あるや」[5]と、中国の自立能力に疑念を示すようになっていた。中国民衆の抗日感情を過小評価していたのである。もっとも、「所詮《しょせん》、支那人の満蒙《まんもう》であって日本人の満蒙ではあり得ない」[6]と述べたように、同時期の過熱したメディア報道と比べ、石橋の言論の稀少性は際立っていた。しかし彼もまた、「ここまで乗りかかった船なれば、今更《いまさら》棄《す》て去るわけには行かぬ」[7]と述べ、「満洲国」建国を既成事実として受けいれていった。

その数年後、石橋は次のように述べている。「我が植民地とは何処々々《どこどこ》か。あるいは台湾、朝鮮および樺太が挙げられるであろう。けれどもこれらの地方は、実際において今は植民地というよりは、少なくも貿易については我が本土の一部と見るのが適当だ」[8]。植民地は経済のうえで日本の一部分だと主張している。前述のように、小日本主義の核心は自発的な植民地放棄論にあったが、ここでは植民地領有を前提とした議論に変わっていることがわかる。このように、戦時期の石橋に小日本主義を見出すことはできなくなっていった。

しかし、石橋が自立と経済合理性を重視するのは戦時期も変わらなかった。彼は、日本が戦時経済の自立を保つためには、経済合理性が必要だと考えたのである。

戦時下で石橋の言論は、かつて中国の民族自決に示した共感は反転し、日本の自立を確保するための模索に変容した。自国と他国は経済交流を通じてwin-win（互恵）の関係を保つことができる、というのが石橋の持論であった。しかし、各々が自国の生存を主張して対立するのが戦争である。「国際関係にも道徳は無くはないけれども所詮《しょせん》は茲《ここ》に物を言うのは、力である」[9]と述べたのは、自国日本の自立に余裕がなくなったからである。

石橋は国際分業こそが経済合理性に最も合致すると考えていたので、一九三〇年代に世界を覆ったブロック経済化に反対した。さらに、日本にとって重要な貿易相手国であるという理由から、英米協調論を唱えた。中国大陸の経済を日本が独占するのではなく、列強による共同投資を提案した。当時の石橋は、それが経済合理性にかなっていると判断したからである。

戦時期の石橋は、日本の軍事的な支配拡大を批判し、当初は「大東亜共栄圏」構想にも否定的だった。だが一九四一年一二月の太平洋戦争開始後は、米英との貿易関係が途絶した日本の戦時経済を維持するために、不本意ながらも対応策を発表した。たとえば「満・支の重要性を忘るるなかれ[10]」、「鮮〔朝鮮〕・満・支の物的および人的資源を最高度に活用することである[11]」と書いたのは、日本が東南アジア方面へと軍事支配を拡大するのを批判する意図があった。しかし同時に、戦時期の石橋の言論は、朝鮮・満洲・中国といった日本の植民地や占領地への経済的な支配を当然の前提としていた。戦時の経済支配は互恵的な経済活動で完結するものではなく、軍事支配と分かちがたく結びついていた。石橋の提言は、日本の軍事的要請に経済政策の面から応えようとして、結果的に戦争遂行を下から支え、協力することにつながったのである。

経営者としての手腕

石橋はジャーナリストであるだけでなく、東洋経済新報社の社長（一九二五年に就任）として、独創的で先見の明あるアイデアマンであった。戦時期にもかかわらず、社員数が増加、発行部数・売上高は伸び、社業は拡大成長期にあった[12]。

一九三一年六月、東京牛込から日本橋への社屋移転をきっかけに誕生した「経済倶楽部」は、『東洋経済新報』の読者が集う研究クラブで、今日まで続いている。金解禁（一九三〇年実施）をめぐる論争によって石橋のエコノミストとしての名声は高まっており、政財界の有力者も競って会員に名を連ねた。講演会や談話会を中心に活動し、当時の植民地朝鮮も含む全国各地に展開した。経済倶楽部の存在は「無形の東洋経済新報[13]」と呼ばれ、言論統制の厳しい戦時中でも断絶することなく活動を続けた。

石橋の功績として、英文月刊誌『The Oriental Economist』の刊行は重要である。海外に日本の立場を正確に伝えることを目指し、一九三四年五月に創刊された同誌は、欧米読者の信頼を得て戦時下にも愛読された。加えて、石橋はケインズ研究会（『一般理論』の翻訳）、金融学会など、多数の研究会の設立や運営に貢献した。

こうして、経営者としての石橋は〝産学協同〟と〝国際化〟という方向性を打ち出すことにより、実社会とのつながりを深めていった。また、例えば清沢洌《きよし》（一八九〇〜一九四五、『暗黒日記』の著者として知られる外交評論家）のように、石橋と志を同じくしながらも、時局に批判的という理由で発言の場を追われた言論人を、東洋経済新報社の評議員として迎え入れ、執筆の場を与えた。石橋のそうした行動が、戦後社会で政治家として活躍する基盤をつくったのである。

2　政治家時代

なぜ政治家に転身したのか

一九四六年四月に実施された戦後初の衆議院議員総選挙に、石橋は自由党から立候補したが落選し、議席のないまま吉田茂内閣大蔵大臣に迎えられた。石橋は言論人として確固たる地歩を築いていたにもかかわらず、なぜ六〇歳を過ぎて政界入りしたのだろうか[14]。

戦時期の石橋が言論統制をかいくぐりながら政府・軍部を批判し続けたのは、「国に争臣無ければ危《あやう》し[15]」という〝言論報国〟の責任感からであった。争臣とは、施政者に勇気をもって忠告する者のことである。このように、石橋にはナショナリストの側面があった。

一九四四年二月、石橋の二男和彦が、太平洋マーシャル諸島のケゼリン島で戦死した。石橋は「此《こ》の戦　如何《いか》に終るも汝《な》が死をば　父が代りて　国の為《た》め生かさん[16]」と詠んだ。息子の死を「国の為め」に「生かす」ことで無念を晴らそうとしたのである。和彦の死が政治家になる決意を後押ししたことは想像に難くない。

言論人時代の石橋は、尊敬する福沢諭吉の影響から、もし自分が政治家だったら実行できないようなことを書かないようにと自戒していた。衆議院議員に初めて立候補する際には「自分がやれない事を外務大臣に要求するのは無理である。自分がやったらやれるということを考えれば、その評論は正しいものになります……その事を常に忘れたことはありません[17]」と語っている。また、「いくら人格が立派で知識、見識があっても、あのトラックに乗って、選挙運動をする勇気のないやつはだめなんだ[18]」とも述べている。つまり、石橋は〝見識のある言論人〟にとどまらず、トラックに乗って選挙運動をする道を選んだのである。

石橋には、〝言論は現実の行動によって完成する〟、言行一致の信条が存在していた。「私は殆《ほとん》ど全生涯を〝評論〟にささげてきました。政界に足を踏み入れたのも、いわば〝評論を生かして現実化する〟の覚悟であったからです[19]」。何より彼には逆境に強い胆力があった。石橋は長年ジャーナリストとして発表してきた言論を、行動で実行するために政治家に転身したのである。

自立と経済合理性をもとめて（二）

公職追放解除後、石橋が政治活動を再開した一九五一年には、すでに東西冷戦が激化していた。政界での石橋は対米自主派（アメリカに対する日本の自主性を重んじる立場）として活動した。石橋はアメリカの軍事力に過度に依存することは〝向米一辺倒〟であると批判し、政局では吉田首相と激しく対立した。

鳩山一郎内閣通産大臣時代の石橋は、政経分離論に基づく日中貿易を推進した。東西冷戦のさなか、当時の日本と中国はいまだ国交を回復していなかった。石橋は通産大臣として「日中貿易を促進せよ」と呼びかけ、「自由国家群との協調を破らない範囲内」での日中貿易の拡大を提案した[20]。この方針は石橋内閣に引き継がれた。政経分離とは、政治上の立場の違いを問わず、貿易によって経済交流の〝実〟を取る方法である。西側諸国との協調を保ちながら、台湾との貿易を維持しつつ、大陸中国とも貿易を可能とする、経済合理性にそくした政策であったといえる。

一九五六年一二月、石橋は内閣総理大臣に就任した。「自由主義国家の一員として国際連合に飽くまで忠実に協力しつつ自主外交の確立を」「米国と提携するが、向米一辺倒になることではない」との外交方針を示している。[21] 石橋は、日米二国間の安全保障よりも、多国間の集団安全保障体制を志向した。

石橋は日本の自立を重視する立場から、〝経済を損なわない程度の軍備は必要〟という見解を示し、憲法第九条は、条項を残して効力を一時停止するよう〝但し書〟を加える、という独自の改憲論を展開した。[22]

理想を捨てない現実主義者

前述したような言行一致を目指すには、現実を無視することはできない。だから石橋は現実主義者（リアリスト）であった。古今東西にわたって現実主義の政治家はたくさんいる。では、石橋は他の政治家と何が違うのだろうか。現実主義というだけでは石橋を理解できないだろう。彼には、理想を追って一匹狼の行動に出ることがあったからである。

一九五七年二月、石橋は病によって首相を辞任した。リハビリを経て政治活動に復帰後、石橋は東西両陣営の橋渡し役を担う使命感から、日中・日ソ交流にいっそう尽力した。石橋内閣の次に成立した岸信介内閣で日中関係が悪化した。それを憂慮した石橋は一九五九年、自民党代議士として戦後初の中国訪問を果たす。一九六三年に中国を再訪し、一九六四年にはソ連訪問を敢行した。

石橋は、将来、資本主義と共産主義が融合する時代が来ると予見し、「平和共存以外に人類を生かす道はない[23]」という結論に至った。「西側はだれでもやりたがる。東側には自分が当らなくては[24]」と自負し、老年の石橋は「日中米ソ平和同盟」という大構想のために奔走した[25]。

一九六一年六月、石橋は「日中米ソ平和同盟」構想を披露する会を催した。その招待状に、次のような抱負を述べている。「私のこの提案は、今日の世界の難中の難事であるソ米中の和合を計らんとするもので、到底《とうてい》われわれの力の及ぶところでないとして多くの人は逃げ出します。……だが、そうだからとて皆が逃げておったら世界は何《ど》うなりますか。……及ばないかもしれないが、声の続く限りその危険を叫び知らせることはわれわれの責務ではないでしょうか。私はこう思って日本の一角からその叫をあげたいと思います[26]」。

ここには、理想主義者としての石橋の姿がある。「人類は、平和共存の路線を歩む以外に、生きようがないではないか」[27]。石橋は最晩年になっても日中米ソ平和同盟を諦めなかった。

日中米ソ平和同盟構想は、冷戦イデオロギーから抜け出すための構想であり、戦後日本を支配した日米安保体制とは異なる選択肢である。それは当時の野党であった社会党の外交政策とも共通する、多国間安全保障の構想であり、与党自民党内では異色の路線であった。野党と激突するのではなく、超党派提携の可能性を示した。このように、石橋は独自の存在感を示した政治家であり、理想に近づくために現実的に行動する、理想を捨てない現実主義者だったのである。

石橋湛山の未完の遺産

内閣総理大臣の地位までのぼりつめたが、首相在任は短期間で、病によって惜しまれつつその地位を手放した石橋は「悲劇の宰相」と呼ばれた[28]。

首相辞任後の石橋は、自民党内の批判を浴びながら中ソを訪問した。それは、一度は政界の頂上をきわめた人物の余生というにはほど遠い、必死の行動であった。しかし、それも彼の言行一致の信条のためだったのだと理解することができる。日中米ソ平和同盟構想を単なる理想論に終わらせないために、石橋は病身をなげうつ体当たり外交を実践したのである。

〝評論を生かして現実化する〟ことを願い、政治家に転身した石橋の言行一致の信条は、言論人にとどまらず、政治家として活動したからこそ完成した。したがって石橋は、決して「悲劇の宰相」ではなかったのである。

石橋は自分自身がナショナリストであったから、自国と同等に他国のナショナリズムを理解しようと努力した。しかし、ジャーナリスト時代の石橋は言論活動によって日本の戦争を止めることはできなかった。その後悔から、戦後政治家として今度こそ冷戦を終結させたいというのが石橋の宿願となった。やがて冷戦の緊張が緩和されるにしたがい、石橋は〝ナショナリズムを危惧するナショナリスト〟という稀有な政治家になっていった。晩年の石橋は語る。

「僕が一番おそれ心配しているのは、民族主義、ナショナリズムなんです……ナショナリズムはなくなりません」「ナショナリズムは、資本主義と共産主義がいずれ一緒になるという時にも、なおかつ一番最後まで残る問題だ」「ナショナリズムをどういうふうにプラスの方向にむけるかということが問題ですね。これは結局、人間自身の問題です[29]」。

ナショナリズムの席巻《せっけん》する二〇世紀に生き、その克服の道を探り続けた石橋の理想は、二一世紀の現在もなお、叶っていない。石橋湛山の歴史的達成を顧みるのと同じように細心に、彼がやり残したことや、できなかったことをも凝視することが大切だと考える。そこに思想を批判的に継承することの意味があるのではないだろうか。それは彼の限界ではなく、可能性の宝庫を示す未完の遺産である。

〔うえだ・みわ。専門は日本近現代史。博士（文学）。著者に『石橋湛山論　言論と行動』（吉川弘文館、二〇一二年）、『自由主義は戦争を止められるのか』（同、二〇一六年）など〕

1　「哲人政治と多数政治」『第三帝国』一九一六年一一月一日、「鮮〔朝鮮〕人暴動に対する理解」『東洋経済新報』一九一九年五月一五日。適宜、仮名遣いなどを改めた。以下同じ。

2 「一切を棄つるの覚悟」『東洋経済新報』一九二一年七月二三日。
3 「大日本主義の幻想」『東洋経済新報』一九二一年七月三〇日、八月六・一三日。
4 幣原平和財団『幣原喜重郎』一九五五年。
5 「支那に対する正しき認識と政策」『東洋経済新報』一九三二年二月六・一三日。
6 同前。
7 「満蒙新国家の成立と我《わが》国民の対策」『東洋経済新報』一九三二年二月二七日。
8 「世界開放主義を提げて」『東洋経済新報』一九三六年九月一九日。
9 「和戦両様の準備」『東洋経済新報』一九四一年一二月六日。
10 『東洋経済新報』一九四二年一月一〇日。
11 「戦局の現状と本誌の使命」『大陸東洋経済』一九四四年一一月一五日。
12 『東洋経済新報社百年史』東洋経済新報社、一九九六年。
13 「社告」『東洋経済新報』一九三一年七月一一日。
14 ただし、石橋には言論人時代にも鎌倉町会議員の経験がある。詳細は拙稿「石橋湛山と地方自治」『石橋湛山研究』第二号、二〇一九年三月。
15 「強力政治実現の要諦　首相は先《ま》ず争臣を求めよ」『東洋経済新報』一九四四年三月四日。
16 『石橋湛山日記』一九四六年一月一日。
17 「衆議院議員立候補に際して」一九四六年三月一六日、『石橋湛山全集』第一三巻、一八〇・一八一頁。
18 「新党の陣痛と次期政権」『日本週報』一九五四年一〇月五日。
19 「中国を再び訪ねて」『湛山叢書』一九六三年一〇月。

20 『日本経済新聞』一九五六年六月二五日。
21 『朝日新聞』一九五六年一二月二四日朝・夕刊。
22 たとえば、「安保条約下の日本経済」『東洋経済新報別冊』第五号、一九五一年一〇月一五日、「戦争放棄の条章」『東洋経済新報』一九五九年一月新年号。詳細は拙著『石橋湛山論』吉川弘文館、二〇一二年、第七章。
23 「フ首相退任後のソ連にのぞむ」『週刊東洋経済』一九六四年一〇月二四日。
24 「日中打開の夢を追い続けた「悲劇の宰相」の大往生」『週刊朝日』一九七三年五月二五日。
25 「日中米ソ平和同盟の提唱」『中央公論』一九六二年五月。
26 「平和同盟結成小集会案内状」一九六一年五月三〇日、国立国会図書館憲政資料室所蔵「石橋湛山関係文書」七三九。
27 「激動する世界と日本のビジョン」『週刊東洋経済』一九六四年一一月一四日。
28 前掲「日中打開の夢を追い続けた「悲劇の宰相」の大往生」。
29 『湛山座談』岩波書店、一九九四年、一九六～一九八頁。

湛山の「自由な言論」と早稲田ジャーナリズム大賞

早稲田大学政治経済学術院教授　瀬川　至朗

早稲田大学が二〇〇〇年に創設した早稲田ジャーナリズム大賞には、石橋湛山（一八八四〜一九七三）の名が冠せられている。湛山は、戦前、「小日本主義」を唱え、臆することなく、軍部などの領土拡張政策を批判した言論人として知られる。軍部の圧力に負けて日本の言論が萎縮していった時期に、異端とも評される、毅然とした言論活動をつづけていた。本稿では、まず「ジャーナリスト・石橋湛山」に焦点をあてる。そのうえで「石橋湛山記念早稲田ジャーナリズム大賞」の今日的意義を考察することとしたい。

湛山本人が自身の過去を振り返っている書物に『湛山回想』（初版本は一九五一年）[1]と『湛山座談』（元の連載掲載は一九六四年）[2]がある。これらの書物からは、さまざまな出来事や事件に遭遇した湛山がその時何を考えていたか、その時々の率直な気持ちを窺い知ることができる。この二冊（本稿では岩波書店版を使用。以下『回想』[3]『座談』[4]と表記）を中心に、「ジャーナリスト・石橋湛山」の足跡を辿ってみよう。

1　早稲田で哲学を学ぶ

湛山の父は杉田日布《にっぷ》といい、山梨県の郷里にある日蓮宗の寺、昌福寺の住職をしていた。後に日蓮宗の総本山である身延山《みのぶさん》久遠寺《くおんじ》の法主《ほっす》（総本山の住職）に選ばれ、生涯にわたり布教活動などに力を注いだ人である。湛山も、子どもの頃から「周囲の感化を受けて、何かしら宗教家的、あるいは教育者的職業を選ぶ方向に進んでいた」（『回想』三〇頁）と書いている。

早稲田大学の文学科でプラグマティズムの哲学を学んだ湛山は、「業を文筆界に求めるなどということは夢にも考えていなかった」（『回想』九四頁）という。しかし、当時の「官界、教育界、実業界等においては、帝大、東京高師、東京高商等の学閥が断然勢力を張っていて、私学出のものの進出はおさえられた」（『回想』八九頁）。私学、とりわけ文科の出身者にとって、学閥に左右されない、能力しだいの世界は新聞界と文芸界だけのようにみえたのである。

大学を終え、まずは「原稿かせぎ」の仕事を始めた。本や雑誌に原稿を書いて糧を得る生活である。そして一九〇八（明治四一）年、早稲田大学文学科の講師をしていた島村抱月の紹介で、東京毎日新聞記者の職を得た。同紙は、日本最古の日刊紙である『横浜毎日新聞』の後継であり、当時は、大隈重信（早稲田大学創設者）が『東京毎日新聞』の経営に乗り出していた（『回想』九八頁）。現在の毎日新聞社との関係はない。

自分を文筆界に導いた恩人として、湛山は、島村抱月の名前を挙げ、『回想』のなかで数頁にわたって回顧している。抱月は評論家、新劇指導者として世に知られる人物である。早稲田の教員として卒業生の世話をよくしていた。湛山も推薦文を書いてもらい、新聞記者になった。その後の経済記者への転身を含めて、湛山自身も不思議に感じる巡り合わせとなったのである（『回想』七一頁）。

「卒業後の私は、たいそう島村氏のお世話になった。明治四十一年、私が東京毎日新聞の記者に採用されたのは、先生の推挙によったのである。のみならず、この東京毎日の記者になったことが、後に私を東洋経済新報の記者にする機縁をなした。私が大学では哲学を修めながら、経済を専門にするにいたったことを人は不思議にするけれど、実は私自身全く不思議に感ずるのである。私は経済記者になろうなどとは、かつて夢にも考えなかった。それが、思いがけずも、こうなったのは、島村氏によって東京毎日新聞に行き、田中穂積氏のお世話になるにいたったからであった。むろん島村先生も、そんなことを予想されたわけではないが、結果において、同氏は私を経済記者にしたのであった。」

この文中にある田中穂積は東京専門学校の卒業生で、当時、東京日日新聞の主筆を務めていた。同時に早稲田大学の教員であり、経済学・財政学を専門としていた。のちに第四代総長となった。

2　予期しなかった経済記者への道

東京毎日新聞に入社した湛山は社会部に配属され、吉原（東京にあった遊郭）の取材や、正月のお飾りについて大隈重信にインタビューをする仕事などが与えられた。だが、こうした取材には閉口し、うんざりだった（『回想』一〇三頁）。社会部記者の仕事は性に合わなかったらしい。転部を申し出て受け入れられ、文部省の担当となった。

ところが、『東京毎日新聞』はロンドンの『タイムズ』を目指したものの部数が振るわず、社内対立も起き、社を辞める人が相次ぐ事態になったという。湛山も入社一年たらずで退社し、「一年志願兵」として軍隊（歩兵第三連隊）に入営した。

訓練を終えると、今度は田中穂積の紹介を受けて東洋経済新報社に入り、創刊（明治四三年五月）間もない社会評論雑誌『東洋時論』の編集者となった。新聞記者から雑誌編集者への転身である。

『東洋時論』は個人主義、自由主義の尊重を前面に出した評論を得意とし、政府から発売禁止措置を受けることもあった。ただ、部数が伸びなかった。創刊二年半で廃刊（大正元年一〇月）となり、同社の経済雑誌『東洋経済新報』に併合されることになった。湛山自身も『東洋経済新報』の編集部に異動した。こうして経済雑誌記者としての石橋湛山が誕生する。一九一二（大正元）年、彼が二九歳のときである。

当時の思い出を湛山は次のように語っている。「東洋経済新報社に入社したのも、『東洋時論』の編集のためであって、経済記者としてではなかった」（『回想』一七二頁）。しかし、「元来が経済を専門とする雑誌社であるから、幾ら自分は『東洋時論』の受持だといっても、経済の話がわからなくてはおもしろくない。（中略）この際どんな物か勉強して見ようという気になった」（同）。

こうして入社後、経済学の独学に取り組んでいたのである。手に取ったのは、天野為之の『経済学要綱』、セリグマンの『経済学原論』、大学の恩師である哲学者の田中王堂が薦めてくれたトインビーの『十八世紀産業革命史』の三冊だったと記している。英語文献は原書で読んだ。さらに、ケインズ、マルクスなどの著書も読破し、経済学の理論と知識を自らの血肉としていった（『座談』一四～一五頁）。

湛山は一九一五（大正四）年、合名会社だった東洋経済新報社の合名社員に三一歳で選任され、一九二一（大正一〇）年、株式会社への改組に伴い取締役になった。まだ三七歳である。その後一九二四（大正一三）年には同社主幹、一九四一（昭和一六）年に東洋経済新報社社長に就任するなど、長く、東洋経済新報社を代表する立場を任されることになったのである。

3　社説で政府・軍部を批判

在職中は『東洋経済新報』の社説・社論を長年にわたり執筆している。そのうち、政府・軍部の大陸進出路線を真っ向から批判した社説としてよく紹介されるのが、「一切を棄つるの覚悟」（一九二一（大正一〇）年七月二三日号）[5]と「大日本主義の幻想」（一九二一年七月三〇日・八月六日・八月一三日号）[6]という連作である。一九二一年がどういう状況だったかというと、第一次世界大戦が一九一八年に終わり、今度は、極東・太平洋における各国の利権の衝突が顕在化しつつある時期だった。日本は日清戦争（一八九四～九五）、日露戦争（一九〇四～〇五）を経て領土拡大路線を取っており、特に日米の間で、中国と太平洋をめぐる対立が深刻化していた。

それに対してアメリカが主導して海軍軍縮と極東・太平洋問題を検討するワシントン国際会議（湛山の社説では「太平洋会議」と記載されている）が一九二一（大正一〇）年一一月から翌年二月まで開催された。湛山の社説は、その会議を前にして、日本の領土拡大路線に対し、公然と異を唱えたものだ。最初の「一切を棄つるの覚悟」が総論、そして三回に分けて各論的に詳説したものが「大日本主義の幻想」である。ここでは、「大日本主義の幻想」の冒頭部分を紹介する。

「朝鮮、台湾、樺太も棄てる覚悟をしろ、支那や、シベリヤに対する干渉は、勿論やめろ。これ実に対太平洋会議策の根本なりという、吾輩の議論（前号に述べた如き）に反対する者は、多分次の二点を挙げて来るだろうと思う。

（一）我が国はこれらの場所を、しっかりと抑えておかねば、経済的に、また国防的に自立することが出来ない。少なくも、そを脅さるる虞がある。

（二）列強はいずれも海外に広大な殖民地を有しておる。しからざれば米国の如くその国自らが広大である。而して彼らはその広大にして天産豊かなる土地に障壁を設けて、他国民の入るを許さない。この事実の前に立って、日本に独り、海外の領土または勢力範囲を棄てよというは不公平である。

我が輩はこの二つの駁論に対しては、次の如く答える。第一点は幻想である、第二点は小欲に囚えられ、大欲を遂ぐるの途を知らざるものであると。」

「朝鮮、台湾、樺太も棄てる覚悟をしろ、支那や、シベリヤに対する干渉は、勿論やめろ」という最初の一文が、湛山の「一切を棄つる覚悟」が意味するところである。社説では、この主張に対して予想される二つの反論を掲載し、その反論への答えを一つずつ、論理立てて記述している。

第一点は「経済的自立」についてである。湛山の論は「領土拡張による経済的自立こそ幻想である」と鋭利である。社説ではその論拠として「日本国内＋樺太」と「朝鮮」、「台湾」、

「関東圏」各国との間の貿易額を一覧表で掲示し、それらよりも、日本とアメリカ、インド、イギリスそれぞれとの間の貿易額の方が大きいとのデータ比較を提示している。そのうえで「もし経済的自立ということを言うならば、米国こそ、インドこそ、英国こそ、我が経済的自立に欠くべからざる国と言わねばならない」と喝破している。

つまり海外における一切の領土を放棄した「小日本」となり、代わりに国際貿易を盛んにすれば、逆に日本は経済的に富める国になる。こうした「小日本主義」が決して空想ではないことを、データを用いて論理的に説明しようとしている。今日のジャーナリズムの視座からしても大いに評価できる点である。

第二点は「不公平さ」についてである。列強は広大な植民地を有し、アメリカは国土そのものが広大だ。これらに比べて日本は国土が狭い。その日本にだけ海外の領土を棄てよというのは不公平だという反論である。これに対し、湛山は、海外の領土を欲するのは「少欲」に過ぎない。海外領土を棄て自由主義を貫くことで東洋全体を日本の道徳的支持者にするという「大欲」こそが重要だと説いている。

「少欲」「大欲」という言葉に宗教的な色彩を感じない訳ではないが、つまるところ、近視眼的に領土拡張に固執するよりも、一切を棄てて国際貿易に力を入れたほうが、経済的に富める国になるし、他国からも尊敬される。これこそが目標とすべき「大欲」だと言うのである。

湛山は、経済に関する専門的な知識と理解に基づいて社説を書いた。単なる批判に終始することなく、可能な限りの具体案を提示するところに、彼の現実主義をみることができる。また、「一切を棄つるの覚悟」「大日本主義の幻想」をはじめとする論の基礎には、個人主義、自由主義という彼自身の思想がある。その考察は鋭く、その後の歴史の展開が、湛山が洞察した方向に動いている場合が少なくない。

石橋湛山は、言論の自由においても徹底していた。一例を挙げれば、母校早稲田大学の創設者である大隈重信の外交政策を堂々と批判している。一九一五（大正四）年、大隈内閣は中国に対し対華二一カ条を要求した。湛山は「禍根を残す外交政策」[7]（同年五月五日号）と題する社説を著し、日本の「露骨なる領土侵略政策」と「軽薄なる挙国一致論」の態度・行動を憂慮し、「大隈内閣第二着の失策」「直接の責任は、国民指導の位地にある現内閣諸公就中大隈首相と加藤外相の失策にある」と断じたのである。

ただし、湛山が礎とした自由主義や「小日本主義」は、彼一人のものではないことも知っておく必要がある。『東洋経済新報』は一八九五（明治二八）年に町田忠治が創刊して主幹となった。二年後、東京専門学校（後の早稲田大学）で講師をしていた天野為之[8]が第二代主幹として引き継いだ。町田、天野両氏ともに自由主義者として知られ、政党とのつながりは何もなかった（『座談』八頁）。

主幹は、第三代が植松考昭、第四代が三浦銕太郎、そして第五代が石橋湛山と続いていく。植松と三浦は東京専門学校での天野の教え子だった。天野は一〇年間、社説を書き、『東洋経済新報』の基礎を築いた。湛山によれば、天野は社説で徹底した門戸開放主義を主張し、「先ずこの陸海軍を制御すべし」などの社説で「軍部の横暴を攻撃し、その粛正を唱えた」（『回想』二三七頁）という。

また、湛山の社説によく登場する満洲放棄や小日本主義を先に提唱したのは、第四代主幹の三浦である[9]。当時、自由主義的な『東洋経済新報』は銀行・実業界などに固い支持層を持っていた（『座談』九頁）。「多くの識者階級が『東洋経済新報』を、あたかも学生が教科書を読むがごとく、ほとんど一字残さず読んだ」（『回想』二三〇頁）と湛山は振り返っている。

4　戦時中の軍の圧力にどう抗するか

先ほどの「一切を棄つるの覚悟」「大日本主義の幻想」は一九二一（大正一〇）年に書かれた社説だった。日本はその後、一九三一（昭和六）年の満洲事変を契機に日中戦争へと進み、一九四一（昭和一六）年には米英との戦争に突入することになる。戦時下における軍部の圧力は大正時代の比ではないだろう。湛山の社説はどうなったのか、圧力にどう抗したのか、気になるところである。

残念ながら、戦時下においては「一切を棄つるの覚悟」のような大胆な直言を読むことはできない。しかし湛山は、戦時中の厳しい局面を直視し、その都度、現実的な方法で内閣や軍部のやり方に疑問を呈し続けたのである。例えば、「国民を信じ真実を語る要　不可解なり議会の楽観的言辞[10]」という社論である。戦争末期の一九四五（昭和二〇）年二月一〇日号に掲載された。国の現状に対する内閣の楽観的な説明を問題視したものである。

「右のような責任ある当局から発表された公式声明を卒然と聞けば、我国の現状は、一から十まで殆んど総てが旨くいって居り、憂慮すべき点はないかのようだ。戦争、外交、軍需、食糧、国内秩序等何れの問題についても、仮に面白くないことはあっても、それは例外で、大筋としては全部順調に取り運んで居るというのが政府言明の結論だ。そんなに旨くいっているのならば、小磯首相は何故に一方において「皇国の興廃」だの「生死の関頭」などと絶叫するのかとの皮肉な疑問すらも起らないものでもない。

記者は無論政府の立湯をも一応は諒解する。政府は自から先に立って悲観的言説をなすことの影響を懸念しているのであろう。だが楽観、悲観は要するに主観の問題だ。もっと大きな課題は一国の政治は、真実を語るべきか否かにある。便宜主義と真実主義とが、平時における政治においてもそうであるが、特に重大時局に際して何れが国家のためにとるべきであるか。根本問題はこれだ。

（中略）

まず日本国民を信ぜよ。真実を語れ。重大時局の溢路は斯くて切開されるのである。」

軍部の大本営発表に対してではないが、「国民に真実を語れ」という言葉で、悲観的な現状を読者に示唆する内容になっている。

もう一つは竹槍訓練である。戦争末期、アメリカ軍との本土決戦に備えて「国民総武装」が閣議決定され[11]、銃後の国民の竹槍訓練が行われた。湛山は「竹槍をもって戦うという、軍部の計画に対しては、武器増産の必要を説くという婉曲な方法[12]で、そのばからしさを早くから論じていた」(『回想』二九七頁)という。

5　会社の消滅も覚悟

次のエピソードは、ジャーナリスト・石橋湛山の矜持を示すものとして興味深い。

戦時中、言論に対する軍部の圧力はますます強まり、なお自由主義を捨てない『東洋経済新報』は問題視されていた。社内からも、軍部に協力する方向に路線を転換すべきとの意見が出て、湛山に退陣を求める動きが目立ち始めた。

路線を転換して会社の存続を図るか、それとも、会社消滅を覚悟でこれまでの路線を継続するか、湛山も決断を迫られた。そして「会社消滅も覚悟」という選択をしたのである。『回想』には「東洋経済自爆の準備」という見出しで、以下のようなくだりがある。[13]

「当時東洋経済新報社は、戦時中にもかかわらず、依然として自由主義を捨てないという理由で、いわゆる軍部と称するやからから、ひどくにらまれた。軍部とは、どこに実際存在するのか、正体は全くわからぬしろものであったが、しかし、とにかく、かれらは情報局を支配し、言論出版界に絶対の権力をふるった。東洋経済新報は、この権力のもとに、その性格を改めて、かれらの気に入る雑誌社になるか、さもなければ、つぶれるほかはないという危機に立った。社内にも、私にやめてもらって、軍部に協力する態勢を取ろうではないかと主張するものが現れた。

私は、この主張に断固として反対した。私が、やめることに決して未練があるわけではない。けれども今さら私が退き、軍部に協力するというたとて、それで果して東洋経済新報が存続しうるや否や、疑問である（現にそうしたにかかわらず、結局存続し得なかった例があった）。また、かりに存続したとしても、そんな東洋経済新報なら、存続させるねうちはない。東洋経済新報には伝統もあり、主義もある。その伝統も、主義も捨て、いわゆる軍部に迎合し、ただ東洋経済新報の形だけを残したとて、無意味である。そんな醜態を演ずるなら、いっそ自爆して滅びた方が、はるかに世のためにもなり、雑誌社の先輩の意思にもかなうことであろう。私はこういう信念のもとに、あえて、がんばり、内外の圧迫に屈しなかった。」

「自爆して滅びる」とは物騒な物言いだが、「軍部に迎合する東洋経済新報は存続しても無意味」と言い切るところに揺るぎない信念を感じる。もっとも、湛山の現実主義はここでも顔を出す。万一、自爆した場合の準備として、社員の身の振り方を考えていたことを明かしている。会社所有の土地建物を売って社員に退職金を渡し、次の職をみつけるまでの当分の間をしのいでもらうことを準備していた。また、雑誌は出せなくなったとしても、今後の再発刊の日のために、研究所的な機能を残すための場所の手配もすでに終えていた。

一方で、全国紙の幹部はどう考えていたのか。戦時中に毎日新聞編集主幹を務めていた高田元三郎は次のように語っている。[14]

「戦時中の私の心境はある社内の会合の席で、若い社員から『そんな無茶な命令に服するより、社がつぶれても反抗すべきではないか』という発言があったのに対して、『私もそうしたいと思うが、万余の従業員やその家族が、あすから路頭に迷うことを考えると、私にはできない』といい切った一言につきる。恐らく奥村さん［奥村信太郎、戦時中の毎日新聞社長＝筆者注］も毎日不快で仕方ないが、私のこの心境を諒としてあきらめておられたのだろうし、また自分もその心境であったろうと思う。」

高田の発言に「万余の従業員やその家族」という表現がみられるように、軍部からの圧力を受けた際の対応は、会社の規模も関係するのかもしれない。しかし、二人の言葉を比較してみて、言論人としての湛山の使命感と勇気に、改めて敬意の念を抱かざるをえないのである。

6　早稲田とジャーナリズムの関係性

本稿の冒頭に記した通り、「石橋湛山記念 早稲田ジャーナリズム大賞」は二〇〇〇年に創設された。募集・選考は翌二〇〇一年を第一回とし、毎年、「広く社会文化と公共の利益に貢献したジャーナリスト個人の活動」を顕彰している。二〇二二年（第二二回）までに九三作品九五名が受賞している（大賞六三作品、奨励賞三〇作品）。

本賞の創設については、二〇世紀が終わりを迎えた一九九八年頃、奥島孝康第一四代総長のもとで動きが本格化したようである。当時すでに、ジャーナリズムの劣化を懸念する声が強まっており、顕彰活動を通じてジャーナリズムの活性化に寄与するという狙いがあったという。[16] 賞の主催者である早稲田大学とジャーナリズムの関係性について、歴史を振り返ってみたい。[17]

早稲田大学の前身である東京専門学校は一八八二（明治一五）年に創設された。『早稲田大学百年史』などによれば、早稲田大学の創設と立憲改進党の結成は「双生児の如き密接な関係」にあった。大隈重信は当時、政府の参議という要職にあったが、憲法制定、国会開設をめぐる閣内対立が発端となり、一八八一年に解任され、野に下った。大隈の懐刀である小野梓も後を追って官僚の職を辞し、政府による言論集会の統制に抗いながら、改進党の結成と大学設立に奔走した。東京専門学校は、官吏養成の東京大学を卒業しながら政府の人となるのを好まない高田早苗ら九人を教員として迎えた。早稲田は政府の言論統制に対峙するかたちで創設されたのである。

後に大隈が首相になったように、早稲田の精神を「在野」の一言でくくってしまうのには多少の無理がある。当時の政治状況に即するならば、在野精神とは、政権を担う能力を養いながら、時の権力の横暴や不正をただす、建設的な批判精神と言い換えることもできよう。いずれにしても、時の権力を監視する姿勢、言論統制に抗して「言論の自由」を唱える精神は、早稲田大学の創設時に深く刷り込まれたものといえる。ここにジャーナリズムとの親和性をみることができる。

『早稲田大学小史』（島善高著）には、東京専門学校創立一〇周年祝典で演壇に立った田原栄の話として、以下のような記述がある。[18]「一一九〇名の卒業生のうち、新聞記者が八七名、官吏公吏が五七名、教員が三九名、会社銀行員が五八名、府県会議員が一六名……」。創立から一〇年間のうちに各方面に巣立っていった卒業生のなかで、新聞記者が最も多いというデータである。

明治から大正、そして昭和と時代を超えて、言論界への早稲田の進出はとまらなかった。早稲田大学初代図書館長で、大隈重信の葬儀委員長も務めた市島謙吉は、自著『随筆早稲田』に「早稲田から新聞記者の多く出た理由」[19]という短い文章を収めた。次のように書いている。


「早稲田は早くから新聞記者を多く輩出した。（中略）尚文科が置かれてか一層ジョルナリストが殖えて、どの新聞雑誌でも、記者として又経営者として早稲田出身者が其地位を占め、新聞雑誌記者と云えば殆んど早稲田の得業生に限られる観を呈し……」

『随筆早稲田』が出版された一九三五（昭和一〇）年といえば、早稲田大学の創設から半世紀が過ぎ、石橋湛山が東洋経済新報の主幹として活躍していた時期である。市島の頭のなかに湛山の存在も浮かんでいたであろうことは想像に難くない。

7 湛山の「自由な言論」を理想に

早稲田ジャーナリズム大賞の「制定の趣旨」は、各方面に毎年配布している「推薦・募集要項」に掲載されている。以下が全文である。

「建学以来、早稲田大学は『学問の独立』という建学の理念のもと、時代に迎合せず、野にあっても進取の精神で理想を追求する多数の優れた人材を、言論、ジャーナリズムの世界に送り出してきました。

先人たちの伝統を受け継ぎ、この時代の大きな転換期に自由な言論の環境を作り出すこと、言論の場で高い理想を掲げて公正な論戦を展開する人材を輩出することは、時代を超えた本学の使命であり、責務でもあります。

このような趣旨にのっとり『石橋湛山記念 早稲田ジャーナリズム大賞』を創設しました。

本賞は広く社会文化と公共の利益に貢献したジャーナリスト個人の活動を発掘し、顕彰することにより、社会的使命・責任を自覚した言論人の育成と、自由かつ開かれた言論環境の形成への寄与を目的としています。

賞の名称には、ジャーナリスト、エコノミスト、政治家、また本学出身の初の首相として活躍した石橋湛山の名を冠しました。時代の流れにおもねることなく、自由主義に基づく高い理想を掲げ、独立不羈の精神で優れた言論活動を展開した湛山は、まさに本学の建学の理念を体現した言論人であるといえます。」

最後の段落では、湛山を「時代の流れにおもねることなく、自由主義に基づく高い理想を掲げ、独立不羈の精神で優れた言論活動を展開した」と高く評価し、賞の冠に置いた理由としている。メディアによる忖度や自主規制が懸念される今日の言論状況において、湛山が理想に掲げた「自由な言論」の重要度は増している。

本賞の特徴を一つ挙げるとすれば、「個」のジャーナリストに注目する点である。「制定の趣旨」には「広く社会文化と公共の利益に貢献したジャーナリスト個人の活動を発掘し、顕彰する」と明記している。組織に属したとしても、組織の慣行に流されるのではなく、「個」の熱意や創意で行動し、優れた活動をしたジャーナリストを顕彰したいという思いがあるからだ。湛山その人も、言論の萎縮が進む時代に、「個」として強いジャーナリストとして活躍していた。

幸いなことに、「石橋湛山記念 早稲田ジャーナリズム大賞」の認知度は、近年高まっているように感じる。

「早稲田ジャーナリズム大賞は一番欲しかった賞といっても過言ではないので大変光栄に思っております」。二〇二二年度（第二二回）の早稲田ジャーナリズム大賞奨励賞（草の根民主主義部門）を受賞した善家賢氏（ＮＨＫスペシャル　ミャンマープロジェクト代表）は、贈呈式の挨拶でこう話を始めた。ＮＨＫスペシャルなどで放送した「ミャンマー軍の弾圧や軍事攻撃の実態に迫る一連のデジタル調査報道」が受賞対象である。

ミャンマー軍によるクーデターは二〇二一年二月に起きた。善家氏らのチームは、皆が「デジタルハンター」となり、市民に対する軍の弾圧や軍事攻撃の実態解明に取り組み、NHKスペシャルのシリーズで放送した。その第一弾「緊迫ミャンマー　市民たちのデジタル・レジスタンス」は、二〇二一年度の新聞協会賞（企画部門）を受賞している。

善家氏はフェイスブックへの投稿でも、次のように受賞を報告していた

「自由な言論を掲げた硬派な賞として知られる早稲田ジャーナリズム大賞ですが、今回、選ばれた作品もどれも優れた調査報道やドキュメンタリーなどで、チーム一同、励みになると喜んでおります！」

「自由な言論を掲げた硬派な賞」――本賞の趣旨を言いあらわす的確な表現だと感じる。自由な言論を掲げ、広く時代を見据えつつ、時代におもねらない。「石橋湛山記念　早稲田ジャーナリズム大賞」の時代を超えた使命であり、責務だと考える。

〔せがわ・しろう。専門はジャーナリズム研究。著書に『SNS時代のジャーナリズムを考える』（『石橋湛山記念 早稲田ジャーナリズム大賞」記念講座二〇二二、編著、早稲田大学出版部）など〕

1 石橋湛山『湛山回想』毎日新聞社、一九五一年。
2 『経済評論』（日本評論社）一九六四年一月号から同年一二月号に「湛山回顧」として連載。湛山が勉強会を共にしていた若手経済学者からの質問に、湛山が答える形で進められている。
3 石橋湛山『湛山回想』岩波書店、一九八五年。
4 石橋湛山『湛山座談』岩波書店、一九九四年。
5 石橋湛山著・松尾尊兊編『石橋湛山評論集』岩波書店、一九八四年、九四～一〇〇頁。
6 石橋湛山著・松尾尊兊編『石橋湛山評論集』岩波書店、一九八四年、一〇一～一二一頁。
7 石橋湛山著・松尾尊兊編『石橋湛山評論集』岩波書店、一九八四年、五五～六二頁。
8 天野為之は、建学の祖である大隈重信・小野梓を助け、大学の礎を築いた「早稲田四尊」の一人。専門は経済学。第二代学長。早稲田実業中学（現在の早稲田実業学校）の創設にも尽力した。
9 東洋経済新報社ホームページ「沿革―歴史を彩る人びと」URL：https://corp.toyokeizai.net/who-we-are/history/#contents-people（二〇二三年八月二三日閲覧）。

10 石橋湛山『石橋湛山全集 第一二巻』東京経済新報社、二〇一一年、一七三〜一七六頁。
11 東京都中央区ホームページ「平和祈念バーチャルミュージアム―歴史年表」URL：https://www.city.chuo.lg.jp/virtualmuseum/sensokiroku/history/1944_0804_01.html（二〇二三年八月二三日閲覧）。
12 石橋湛山は、戦後は政界に進出し、第一次吉田内閣の蔵相になったが、一九四七年にＧＨＱの司令で公職追放された（四年後に解除）。戦前の軍事・経済的帝国主義支持の言論が理由とされるが、湛山は軍部に最も抵抗した一人であり、追放の理由には大きな謎である。推測では、竹槍訓練のような婉曲な言論を結果的には「武器増産」の主張と解釈したのではとされるが、湛山自身は「根拠はない、何も。まったくあれはわからぬですね」（『座談』九八頁）と話している。一般財団法人石橋湛山記念財団はホームページに「追放の真の理由は、湛山が大蔵大臣としてＧＨＱの要求に従わなかったためと見られている」と記している。URL：https://ishibashi-mf.org/about/history/（二〇二三年八月二三日閲覧）。
13 石橋湛山著・松尾尊兊編『石橋湛山評論集』岩波書店、一九八四年、二九〇〜二九三頁。
14 奥村信太郎伝記刊行会編『奥村信太郎 日本近代新聞の先駆者』奥村信太郎伝記刊行会、一九七五年、一五頁。
15 八巻和彦企画展『石橋湛山記念 早稲田ジャーナリズム大賞―20年の歩み』二〇二一年。
16 湯原法史「『石橋湛山記念 早稲田ジャーナリズム大賞』の〈これまで〉と〈これから〉」『自由思想』二〇二一年四月号。
17 瀬川至朗「専門知と実践知の融合を目指して 早稲田大学大学院ジャーナリズムコース」月刊『Journalism』二〇一〇年三月号、朝日新聞社、二〇〜二一頁の記述をもとにしている。
18 島善高『早稲田大学小史』早稲田大学出版部、二〇〇八年、四九頁。

19　市島春城『随筆早稲田』翰墨同好會・南有書院、一九三五年、二四三〜二四四頁。

※本稿の作成にあたっては、湯原法史・石橋湛山記念 早稲田ジャーナリズム大賞事務局長ならびに早稲田大学広報室の協力を得た。記して感謝したい。

あとがき

早稲田大学文化推進担当常任理事　渡邉　義浩

二〇二三年六月一七日（土）の午後、早稲田大学大隈記念講堂にて、一般財団法人石橋湛山記念財団と早稲田大学文化推進部が主催し、株式会社東洋経済新報社の後援により、石橋湛山没後五十年記念シンポジウム「日本のジャーナリズムに未来はあるか――米国と中国のはざまで」を開催いたしました。本書は、そこでのご報告と石橋湛山をめぐる研究をまとめたものです。

早稲田大学は、建学以来、「学問の独立」という建学の理念のもと、時代に迎合せず、野にあっても進取の精神で理想を追求する、多数の優れた人材を言論・ジャーナリズムの世界に送り出してきました。先人たちの伝統を受け継ぎ、時代の大きな転換期に自由な言論の環境を作り出すこと、そして、言論の場で高い理想を掲げて公正な論戦を展開する人材を輩出することは、時代を超えた本学の使命であり、責務でもあります。

このような趣旨にのっとり、早稲田大学では、二〇〇〇年に、「石橋湛山記念 早稲田ジャーナリズム大賞」を創設しました。本賞は、広く社会文化と公共の利益に貢献したジャーナリスト個人の活動を発掘し、それを顕彰することにより、社会的使命・責任を自覚した言論人の育成と、自由かつ開かれた言論環境を形成することへの寄与を目的としております。

本賞は三部門に分かれており、作品・活動の内容をもとに、いずれかの部門へ応募することができます。公共奉仕部門は、公共性・国際性・在野性を基軸に、新奇性・批判性・提言性・持続性などを取り上げたジャーナリズム活動を対象とします。草の根民主主義部門は、地域社会のコミュニティの深部・周縁に生起しつつある普遍的な課題を発見・発掘・提示するジャーナリズム活動を対象とします。文化貢献部門は、社会における文化的活力を象徴するユニークな作品、地域文化を公の社会に発信することを目指したジャーナリズム活動を対象とします。

本学がこのような賞を設けているのは、首相としての石橋湛山の功績はもとより、ジャーナリストとしての透徹した視座に深く学ぶべきところがあると考えるためです。
たとえば、早稲田大学の建学者である大隈重信を語ろうとするとき、大隈が中国政府に出した対華二十一ヵ条要求をどのように評価するかは、大きな焦点となります。これについて、石橋湛山は、次のように述べています。

支那国民の日本に対する悪感をば一層煽《あお》った、我が政府の失態たることは覆《おお》ふべからずであるが、併《しか》し根本はと云《い》へば、決して茲《ここ》に始まつたのではない。譬《たと》へば先頃の日支《にちし》交渉は油である。薪《まき》に油を注ぐ者の罪も固《もと》より恕《ゆる》し難いが、……其《そ》の薪は何人《なんぴと》が置いたか。我輩は、其の薪を置いた者は誰《た》れでもない、実に我が国民であると思ふ。更《さら》に詳しく云ふと我が国民の帝国主義が即《すなは》ち之《こ》れを置いたのであると思ふ。

石橋湛山「日支親善の法如何」(『東洋経済新報』七〇八、一九一五年)

中国に強圧的な方法で過大な利権を要求する対華二十一ヵ条要求は、日本の中国に対する侵略の始まりとなり、日中戦争・アジア太平洋戦争へと至る日中の相互不信・対立の根本となりました。しかし、当時において、これを批判するものは、ごくわずかでした。

石橋湛山が述べるように、「国民の帝国主義」は、対華二十一ヵ条要求を出した大隈重信や加藤高明外務大臣の行動を後押しするだけではなく、さらには加藤高明の行動を弱腰と批判する野党を後押ししていました。石橋湛山が分析するように、大隈重信や加藤高明という個人はもとより、国民全体が中国への侵略を支持していたのです。大隈重信が「国民教育」を掲げ、理想とする政党政治を実現するためには、選挙権を持つ国民の教育こそ最も重要である、と考えたことの正しさをここにみることができるでしょう。

政党政治は、国民の輿論が曲がっていれば、それを正すことは難しく、政党として国民の人気を取ろうとすれば、たとえば中国に対してより強硬な意見を吐いて、票を集めるようなものなのでしょうか。国民の教育と政党政治のあり方の問題は、今日まで続いていると考えてよいでしょう。

早稲田大学は、これからも石橋湛山の精神を受け継ぎ、時代に迎合せず、野《や》にあっても進取の精神で理想を追求してまいりたいと思います。

早稲田新書019

石橋湛山《いしばしたんざん》　没後《ぼつご》五〇年《ごじゅうねん》に考《かんが》える

2023年12月20日　初版第１刷発行

編著者　石橋省三・星　浩
発行者　須賀晃一
発行所　株式会社 早稲田大学出版部
〒169-0051　東京都新宿区西早稲田１-９-12
電話 03-3203-1551
https://www.waseda-up.co.jp
装　丁　三浦正已（精文堂印刷株式会社）
印刷・製本　精文堂印刷株式会社

ISBN：978-4-657-23013-3

早稲田新書の刊行にあたって

いつの時代も、わたしたちの周りには問題があふれています。一人一人が抱える問題から、家族や地域、国家、人類、世界が直面する問題まで、解決が求められています。それらの問題を正しく捉え解決策を示すためには、知の力が必要です。整然と分類された情報である知識。日々の実践から養われた知恵。これらを統合する能力と働きが知です。

早稲田大学の田中愛治総長（第十七代）は答のない問題に挑戦する「たくましい知性」と、多様な人々を理解し尊敬して協働できる「しなやかな感性」が必要であると強調しています。知はわたしたちの問題解決によりどころを与え、新しい価値を生み出す源泉です。日々直面する問題に圧倒されるわたしたちの固定観念や因習を打ち砕く力です。「早稲田新書」はそうした統合の知、問題解決のために組み替えられた応用の知を培う礎になりたいと希望します。それぞれの時代が直面する問題に一緒に取り組むために、知を分かち合いたいと思います。

早稲田で学ぶ人。早稲田で学んだ人。早稲田で学びたい人。早稲田で学びたかった人。早稲田とは関わりのなかった人。これらすべての人に早稲田大学が開かれているように、「早稲田新書」も開かれています。十九世紀の終わりから二十世紀半ばまで、通信教育の『早稲田講義録』が勉学を志す人に早稲田の知を届け、彼ら彼女らを知の世界に誘いました。「早稲田新書」はその理想を受け継ぎ、知の泉を四荒八極まで届けたいと思います。

早稲田大学の創立者である大隈重信は、学問の独立と学問の活用を大学の本旨とすると宣言しています。知の独立と知の活用が求められるゆえんです。知識と知恵をつなぎ、知性と感性を統合する知の先には、希望あふれる時代が広がっているはずです。

読者の皆様と共に知を活用し、希望の時代を追い求めたいと願っています。

２０２０年12月　　須賀晃一